VEGAN FÜR DIE FAMILIE

Jérôme Eckmeier

VEGAN FÜR DIE FAMILIE

80 Familienrezepte,
die Groß und Klein schmecken

„VEGANER, DAS SIND DOCH DIE LEUTE, DIE IHRE WURST BEIM GÄRTNER KAUFEN"...

... ist in einem bekannten Cartoon zu lesen. Tatsächlich gibt es noch immer viele Missverständnisse und Mythen zu veganer Ernährung. Essen Veganer nur Salat und Tofu? Und sind die nicht alle kränklich und schwach? Aus wissenschaftlicher Sicht kann das klar mir „Nein" beantwortet werden. Auch wenn es noch viele Forschungslücken gibt, zeigen die vorliegenden Studien, dass Veganer (ebenso wie Vegetarier) ein teilweise deutlich verringertes Risiko für ernährungsmitbedingte Krankheiten aufweisen. Sie sind schlanker, haben einen niedrigeren Blutdruck und erkranken seltener an Diabetes, Fettstoffwechselstörungen, Herzkrankheiten und einzelnen Krebsarten als die Mischköstler der Vergleichsgruppen. Diese Vorteile bleiben übrigens auch dann bestehen, wenn der meist insgesamt gesündere Lebensstil von Veganern – weniger Rauchen, weniger Alkoholkonsum, mehr körperliche Aktivität – aus den Ergebnissen herausgerechnet wurde.

Woran liegt das also? Nach allem, was wir wissen, ist es eine Mischung aus zwei Dingen: Veganer essen zum einen mehr gesundheitsfördernde pflanzliche Lebensmittel und zum anderen keine tierischen Lebensmittel. Pflanzenkost liefert reichlich Antioxidantien, viele Vitamine und Mineralstoffe sowie Ballaststoffe und die besonders gesundheitswirksamen sekundären Pflanzenstoffe. Fleisch und Wurst können uns zwar ebenfalls mit einigen Nährstoffen versorgen wie Protein, Eisen und Zink. Daneben enthalten sie aber auch eine Reihe von Inhaltsstoffe, die sich als eher als nachteilig für die Gesundheit erwiesen haben wie gesättigte Fettsäuren, Cholesterin, Hämeisen, Nitritpökelsalz oder bestimmte stickstoffhaltige Verbindungen, die vor allem mit der Dickdarmkrebsentstehung in Verbindung gebracht werden.

Tatsächlich erreichen Veganer am ehesten die Empfehlungen der Deutschen Gesellschaft für Ernährung (DGE) für die Zufuhr von Protein, Fett und Kohlenhydraten. Wegen des höheren Verzehrs von Gemüse, Obst und Vollkornprodukten sind Veganer außerdem sehr gut mit Beta-carotin, Vitamin C, Folat (Folsäure) und vielen anderen B-Vitaminen sowie mit Kalium, Magnesium und anderen Mineralstoffen versorgt. Auf bestimmte Nährstoffe muss jedoch bei rein pflanzlicher Ernährung besonders geachtet werden. Hierzu zählen Kalzium, Eisen, Zink, Jod, Vitamin B_2, die Omega-3-Fettsäuren EPA und DHA sowie vor allem Vitamin B_{12}. Dass Letzteres bei veganer Ernährung supplementiert werden muss, ist fast allen Veganern bekannt. Dennoch achten manche Veganer noch immer nicht auf eine ausreichende Vitamin-B_{12}-Versorgung. Der Bedarf der anderen genannten kritischen Nährstoffe kann durch eine vollwertige, abwechslungsreiche Lebensmittelauswahl, ergänzt durch EPA-/DHA-reiches Mikroalgenöl sowie jodhaltige Algen, gut gedeckt werden.

Aber wie ist das bei Kindern? Können die denn auch vegan ernährt werden? Ja, sie können – wenn auch hier besonders auf die kritischen Nährstoffe geachtet wird. Unsere VeChi-Studien mit veganen, vegetarischen und Mischkost-Kindern zeigen, dass sich auch die veganen Kinder altersgemäß entwickeln (was ich übrigens als Vater von drei ganz bzw. fast ganz veganen Kindern bestätigen kann).

Eine gesundheitsfördernde Kinderernährung ist weniger eine Frage von vegan oder nicht vegan, sondern eine Frage der vollwertigen und abwechslungsreichen Lebensmittelauswahl. Studien zeigen: Je früher ein gesundheitsförderndes Essverhalten gelernt und praktiziert wird, umso besser für das weitere Leben. Und wo sonst als in der Familie sollte diese positive Einflussnahme stattfinden?

Jérôme Eckmeiers Kochbücher zeigen seit Langem, dass es neben den bekannten Motiven für eine vegane Ernährung wie Ethik, Umwelt- und Klimaschutz, Ressourcenschonung, Welternährung und Gesundheit noch einen weiteren wichtigen Aspekt gibt: Essen soll Genuss und Freude bereiten. Ich bin mir sicher, dass auch dieses neue Buch mit seinen vielen bunten und abwechslungsreichen Rezepten dazu beiträgt. Dem Buch wünsche ich viel Erfolg und allen Leserinnen und Lesern viel Spaß beim Ausprobieren!

Ihr Prof. Dr. Markus Keller
Ernährungswissenschaftler und
Inhaber der weltweit ersten Professur
für Vegane Ernährung

LIEBE ELTERN, LIEBE KINDER,

ich freue mich, dass Sie sich für dieses Buch entschieden haben und die vegane Ernährung für Ihre Familie ausprobieren möchten. Wenn Sie sich zum ersten Mal mit diesem Thema beschäftigen, werden Sie im vorderen Teil des Buches jede Menge Infos zur veganen Ernährung für Jung und Alt bekommen. Sich selbst und seine Familie ausgewogen und gesund zu ernähren, ist für mich das Wichtigste, daher gibt es einen Überblick über Nährstoffe, Vitamine und die wichtigsten veganen Zutaten. Damit alle rundum gut versorgt sind. Im Anschluss finden Sie zahlreiche Rezepte, die sowohl für Anfänger als auch für Geübtere funktionieren. Vielleicht leben Sie schon länger vegan? Dann finden Sie hier jede Menge neue Rezeptideen, die das Familienrepertoire wunderbar erweitern.

Ich selbst komme aus einem Alt-68er-Haushalt. Fleisch gab es daher schon in meiner Kindheit nicht, meine Eltern lebten rein vegetarisch. Schon als Kind gehörte für mich der Einkauf im Reformhaus und im Bioladen ganz einfach zum Alltag dazu. Seit 1999 bin ich selbst Vegetarier, wobei ich das nicht gleich ganz so konsequent umgesetzt habe, wie ich gestehen muss.

Als ich 2009 mein Studium der Sozialen Arbeit begann, kam ich zum ersten Mal mit Tierrechtlern und Veganern in Kontakt. Ausschlaggebend für meine endgültige Umstellung zum Veganer war der Besuch einer Stallung, zu der ich mit Kommilitonen fuhr. Nach dieser Erfahrung wollte ich nur noch vegan leben und das tue ich seither konsequent. Ich bin also aus rein ethischen Gründen Veganer geworden. Ich mochte Fleisch immer gerne, aber ich habe auch gelernt, dass vegane Ernährung nicht Verzicht bedeutet, wie viele denken. Das Gegenteil ist der Fall. Für mich war die Umstellung eine Erweiterung meines kulinarischen Universums und ich bin mir sicher, dass es Ihnen ebenso ergehen wird.

Ich koche immer selbst, aber ich verstehe, dass man nicht immer Zeit dafür hat. Nach dem Abitur habe ich 1995 die Ausbildung zum Koch begonnen, daher liegt mir das natürlich sehr nah. In unserer schnelllebigen Zeit und dem stressigem Alltag finde ich ab und an eine vegane Grillwurst oder auch ein veganes Hacksteak völlig in Ordnung. Dazu frisches Gemüse oder ein schneller Salat und schon hat man eine ausgewogene Mahlzeit. Mit den Rezepten in diesem Buch haben Sie auf jeden Fall die Auswahl zwischen schnellen Lösungen für den Feierabend und etwas aufwendigeren Gerichten fürs Wochenende, die Groß und Klein schmecken.

Obwohl ich aus ganzem Herzen Veganer bin, bin ich auch dafür, dass Kinder selbstbestimmt aufwachsen. Unsere Kinder entscheiden beispielsweise selbst, was sie in der Kita oder Schule essen. Okay, wenn sie sich für Fleisch entscheiden würden, wäre ich nicht begeistert, aber wir sind da absolut tolerant. Unsere älteste Tochter ist fünfzehn Jahre alt und isst beispielsweise vegetarisch. Milch und Käse kauft sie selber ein und gekocht wird zu Hause stets vegan. Wie gesagt ist die Hauptsache aber eine gesunde Ernährung. Bei uns zu Hause wird vor allem immer ausgewogen und gesund und aus rein biologischen Zutaten gekocht. Natürlich geben wir unseren Kindern unsere Werte und Normen mit auf den Weg – wir sind gespannt, wohin er sie führt. Und ich hoffe, dass dieses Buch Ihnen hilft, die vegane Ernährung auszuprobieren oder Ihr Repertoire zu erweitern und vor allem Ihre Kinder für die Rezepte zu begeistern.

Guten Appetit wünscht
Jérôme Eckmeier

THEORIE

AUSGEWOGENE VEGANE ERNÄHRUNG

Neu-Veganer machen sich häufig Gedanken über die Nährstoffversorgung. Veganer haben den gleichen Nährstoffbedarf wie alle anderen Menschen auch, müssen allerdings die Proportionen der Lebensmittelgruppen anpassen. Wichtig ist, dass das Ganze ausgewogen ist, damit Sie stark, energiegeladen und gesund bleiben. Dafür muss man verstehen, was eine gesunde vegane Mahlzeit ist, und ein Repertoire an nahrhaften Gerichten aufbauen.

WIE VIEL AM TAG?

Der Nährstoffbedarf hängt von Geschlecht, Größe, Alter und dem individuellen Maß an körperlicher Aktivität ab und kann daher recht unterschiedlich ausfallen. Diese Tabelle ist eine allgemeine Richtlinie für einen mäßig aktiven Erwachsenen, unabhängig davon, ob er sich vegan ernährt oder nicht.

	MÄNNER	FRAUEN
ENERGIE (KCAL)	2500	2000
EIWEISS (G)	55	50
KOHLENHYDRATE (G)	300	260
FETT (G)	95	70

Ernährungsfachgesellschaften wie die DGE empfehlen, maximal 10 % der täglichen Energiezufuhr über gesättigte Fettsäuren und maximal 10 % über Zucker abzudecken. Außerdem sollten täglich mindestens 30 g Ballaststoffe aufgenommen werden.

TRINKEN SIE TÄGLICH ETWA 1,5 L (KALZIUMREICHES MINERAL-)WASSER

Essen Sie täglich 1–2 Portionen Nüsse oder Samen.

1 Portion = etwa 30 g

NÜSSE/SAMEN

Essen Sie täglich mindestens 2 Portionen Obst.

1 Portion = etwa 125 g

OBST

Dazu gehören z. B. Avocados und pflanzliche Fette und Öle.

Verzehren Sie täglich
1 Portion = 2–3 EL

FETTREICHES

DIE VEGANE PYRAMIDE

Diese modifizierte Version der Gießener veganen Lebensmittelpyramide (August 2018) ist eine gute Ausgangsbasis, um Ausgewogenheit und Abwechslung in eine rein pflanzliche Ernährung zu bringen. Es handelt sich um eine allgemeine Richtlinie, die im Laufe einer Woche durchschnittlich erreicht werden sollte. Machen Sie sich also keine Sorgen, wenn Sie nicht jeden Tag alle Lebensmittelgruppen berücksichtigen können – manchmal ist das auch gar nicht praktisch, etwa wenn man sehr beschäftigt ist oder noch andere Lebensmittel im Kühlschrank hat, die gegessen werden müssen. Solange Sie viele verschiedene gesunde Lebensmittel zu sich nehmen, gleicht sich alles im Lauf der Woche aus.

Essen Sie täglich
1 Portion Hülsenfrüchte oder Lupinen- und Sojaprodukte (Tofu, Tempeh).

1 Portion = 40–50 g (trocken)
1 Portion Tofu etc. = 50–100 g

Verzehren Sie täglich
1–3 Portionen Hafer-, Soja-, Kokosdrink o. ä. (ungesüßt).

1 Portion = 100–200 ml

HÜLSENFRÜCHTE

MILCHALTERNATIVEN

Essen Sie täglich 3 Portionen Kartoffeln und Vollkornprodukte, z. B.: Naturreis, Quinoa, Buchweizen etc., Vollkornbrot oder -nudeln.

1 Portion = 60–75 g Reis (trocken) bzw. 125–150 g Nudeln bzw. 2–3 Scheiben Vollkornbrot (à 50 g) bzw. 2–3 Kartoffeln

VOLLKORNPRODUKTE UND KARTOFFELN

Essen Sie täglich mindestens
3 Portionen Gemüse.

1 Portion = etwa 130 g

Zusätzlich werden täglich kleine Mengen Meeresalgen empfohlen (z. B. 1,5 Noriblätter am Tag).

GEMÜSE

WICHTIGE MAKRONÄHRSTOFFE

Makronährstoffe sind jene Nährstoffe, die der Körper in größeren Mengen als Energiespender benötigt. Unter unseren Lebensmitteln sind sie sozusagen die Energielieferanten. Man unterscheidet Fett, Kohlenhydrate und Eiweiß (auf den Seiten 12 und 13 finden Sie Empfehlungen zur jeweiligen Tageszufuhr). Viele Veganer befürchten, nicht genug Eiweiß zu sich zu nehmen, weil dieses bei Mischkost vor allem aus Fleisch, Fisch und Milchprodukten stammt, doch es gibt genügend gute pflanzliche Quellen.

FETT

Eine gewisse Menge an Fett braucht der Körper, um ordnungsgemäß zu funktionieren. Außerdem hilft Fett bei der Aufnahme der fettlöslichen Vitamine A, D, E und K. Ungesunde gesättigte Fette stammen überwiegend aus tierischen Produkten; wer diese meidet, ist also im Vorteil. Doch die gesünderen ungesättigten Fette spielen in der veganen Ernährung eine wichtige Rolle. Samen, Nüsse und Mandeln sind prima Quellen für ungesättigte Fette wie die gesunde Omega-3-Fettsäure. Aber: Der Körper benötigt nicht sehr viel Fett, deshalb sollte man sich hier zurückhalten – selbst bei den gesunden Fetten!

KOHLENHYDRATE

Kohlenhydrate sind für den Körper die Hauptenergiequelle. Daher ist es notwendig, sie in eine vegane Ernährung einzubeziehen, um körperlich leistungsfähig und geistig fit zu bleiben. In der veganen Ernährung gelangt man recht einfach an Kohlenhydrate; der Trick dabei ist, überwiegend die gesündesten Quellen zu wählen. Vollkornprodukte, Kartoffeln und Obst sind die wichtigsten Kohlenhydratlieferanten.

Gute pflanzliche Quellen für ungesättigte Fettsäuren

Gesunde Fette befinden sich in Lebensmitteln wie Avocados, Mandeln, Walnüssen, Cashewkernen, Paranüssen, Kürbiskernen, geschroteten Chiasamen, geschrotetem Leinsamen, Leinöl, Olivenöl.

Gute pflanzliche Quellen für Kohlenhydrate

Komplexe Kohlenhydrate finden sich in Obst und Gemüse, z. B. Bananen, Äpfeln, Kartoffeln, Süßkartoffeln, Zuckermais, Feigen, Trockenfrüchten und Kürbis. Aber auch in Vollkorn wie Wildreis, Hirse oder Amarant, Naturreis und Haferflocken.

EIWEISS

Eiweiß baut Muskeln, Zellen und Bindegewebe auf und stellt Hormone und Antikörper her. Komplexes Eiweiß besteht aus 20 verschiedenen Aminosäuren, von denen neun essenziell sind, da der Körper sie nicht selbst herstellen kann. Für Veganer ist es wichtig, viele verschiedene pflanzliche Eiweißquellen zu sich zu nehmen, um alle Aminosäuren in ausreichenden Mengen zu erhalten, die der Körper braucht. Unten finden Sie einige der besten pflanzlichen Quellen.

GETREIDE

- **GEGARTER BUCHWEIZEN**
  175 g liefern 22,5 g Eiweiß.

- **GEGARTER NATURREIS**
  185 g liefern 6,5 g Eiweiß.

- **GEGARTER QUINOA**
  185 g liefern 8 g Eiweiß.

SAMEN

- **CHIASAMEN**
  2 EL liefern 4 g Eiweiß.

- **HANFSAMEN**
  3 EL liefern 10 g Eiweiß.

HÜLSENFRÜCHTE

- **GEGARTE SCHWARZE BOHNEN** Eine 30-g-Portion liefert 7,5 g Eiweiß und steckt voller Vitamin B6. Sie machen lange satt und setzen die Energie langsam frei.

- **GEGARTE BIO-SOJABOHNENKERNE** Eine 15-g-Portion liefert hochwertiges Eiweiß mit allen essenziellen Aminosäuren. 200 g versorgen Sie mit etwa 22 g Eiweiß; das ist fast die Hälfte des empfohlenen Tagesbedarfs.

- **LINSEN** Eine 100-g-Portion liefert 9 g Eiweiß. Weil Linsen reich an Ballaststoffen und arm an Kalorien sind, machen sie lange satt und setzen die Energie langsam frei.

- **BIO-TEMPEH** Eine 75-g-Portion liefert 16 g Eiweiß.

- **BIO-TOFU** Eine 75-g-Portion liefert 8–15 g Eiweiß. Dieser Eiweißgehalt entspricht dem von Hähnchenfleisch. Tofu sättigt lang anhaltend.

- **ERDNUSSBUTTER** 2 EL liefern 7 g Eiweiß.

- **ERDNUSSKERNE** Eine 60-g-Portion liefert 7 g Eiweiß. Toll zum Knabbern.

VITAMINE

Vitamine sind Mikronährstoffe, die in den unterschiedlichsten Lebensmitteln vorkommen. Sie sind unerlässlich für Stoffwechsel, Wachstum, Immunsystem, Vitalität und allgemeines Wohlbefinden. Die meisten können mit einer ausgeglichenen veganen Ernährung ausreichend aufgenommen werden. Vitamin B$_{12}$ und D müssen jedoch meist supplementiert werden. B-Vitamine und Vitamin C müssen täglich zugeführt werden, weil der Körper sie nicht speichern kann. Der Kreis zeigt auf einen Blick die Funktion eines jeden Vitamins und die besten veganen Quellen.

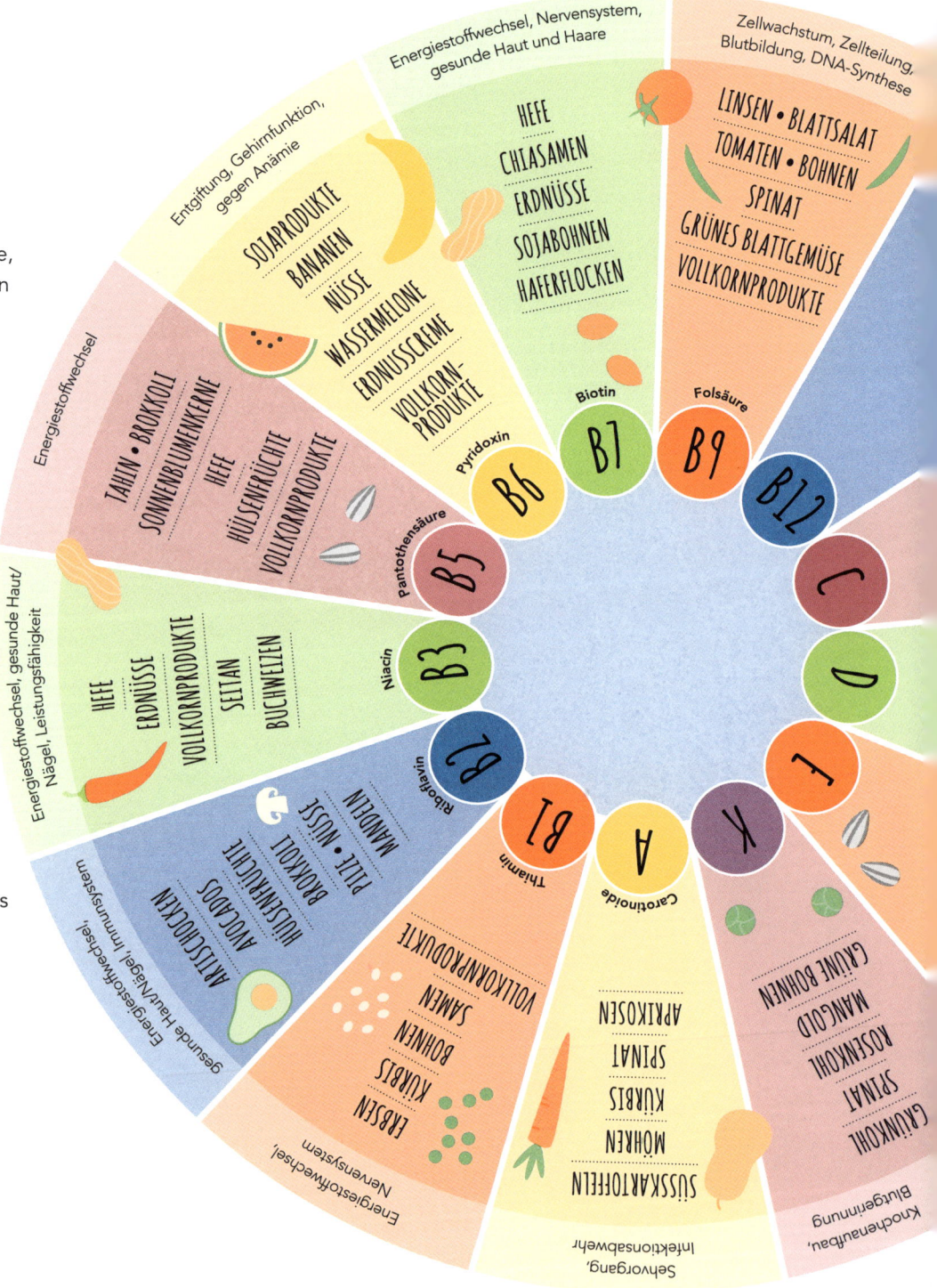

Energiestoffwechsel, Nervensystem, gesunde Haut und Haare

B7 Biotin
HEFE
CHIASAMEN
ERDNÜSSE
SOJABOHNEN
HAFERFLOCKEN

Zellwachstum, Zellteilung, Blutbildung, DNA-Synthese

B9 Folsäure
LINSEN • BLATTSALAT
TOMATEN • BOHNEN
SPINAT
GRÜNES BLATTGEMÜSE
VOLLKORNPRODUKTE

Entgiftung, Gehirnfunktion, gegen Anämie

B6 Pyridoxin
SOJAPRODUKTE
BANANEN
NÜSSE
WASSERMELONE
ERDNUSSCREME
VOLLKORN-PRODUKTE

Energiestoffwechsel

B5 Pantothensäure
TAHIN • BROKKOLI
SONNENBLUMENKERNE
HEFE
HÜLSENFRÜCHTE
VOLLKORNPRODUKTE

Energiestoffwechsel, gesunde Haut/Nägel, Leistungsfähigkeit

B3 Niacin
HEFE
ERDNÜSSE
VOLLKORNPRODUKTE
SEITAN
BUCHWEIZEN

Energiestoffwechsel, Immunsystem, gesunde Haut/Nägel

B2 Riboflavin
PILZE • NÜSSE
BROKKOLI
HÜLSENFRÜCHTE
AVOCADOS
ARTISCHOCKEN
MANDELN

Energiestoffwechsel, Nervensystem

B1 Thiamin
ERBSEN
KÜRBIS
BOHNEN
SAMEN
VOLLKORNPRODUKTE

Sehvorgang, Infektionsabwehr

A Carotinoide
SÜSSKARTOFFELN
MÖHREN
KÜRBIS
SPINAT
APRIKOSEN

Knochenaufbau, Blutgerinnung

K
GRÜNKOHL
SPINAT
ROSENKOHL
MANGOLD
GRÜNE BOHNEN

C

D

E

MINERALSTOFFE

Auch Mineralstoffe gehören zu den Mikronährstoffen. Von ihnen wird weniger benötigt als von den Makronährstoffen, für das Wohlbefinden sind sie aber genauso wichtig. Sie haben Einfluss auf Stoffwechsel, Herzgesundheit und Knochendichte.

Zellteilung, Blutbildung, DNA-Synthese

VITAMIN-B12-PRÄPARATE

Eisenaufnahme, Schutz vor freien Radikalen, Bindegewebsaufbau

ERDBEEREN
ORANGEN
BROKKOLI
PAPRIKASCHOTEN
TOMATEN

Kalziumaufnahme, starke Knochen und Zähne, Immunsystem

ANGEREICHERTE MILCHERSATZ-DRINKS
VITAMIN-D-PRÄPARATE
SONNE!

Schutz vor freien Radikalen (Antioxidans)

SONNENBLUMENÖL · ERDNÜSSE
HASELNÜSSE · MANDELN
SONNENBLUMENKERNE

UNERLÄSSLICHE MINERALSTOFFE

Mineralstoffe sind an Knochen- und Zahnbildung, Blutgerinnung, Muskelkontraktion, dem Säure-Basen-Haushalt, Sauerstofftransport im Blut und der Aktivierung von Enzymen beteiligt. Man unterscheidet zwischen Mengen- und Spurenelementen. Von den Mengenelementen benötigt der Körper größere Quantitäten als von den Spurenelementen. Veganer, die sich abwechslungsreich und ausgewogen pflanzlich ernähren, nehmen von den meisten Mineralstoffen ausreichende Mengen auf. Allerdings gibt es einige Ausnahmen, auf die Sie achten sollten.

MENGENELEMENTE	KALZIUM
Chlorid, Kalium, Kalzium, Magnesium, Natrium, Phosphor und Schwefel	Mancher, der keine Milchprodukte konsumiert, macht sich Sorgen, ob er genügend Kalzium zu sich nimmt. Kalzium ist in dunkelgrünem Blattgemüse, angereicherten Drinks (z. B. Soja-, Getreide- oder Nussdrinks), Nüssen und Samen enthalten.
SPURENELEMENTE	**EISEN**
Chrom, Eisen, Fluor, Jod, Kobalt, Kupfer, Mangan, Molybdän, Selen und Zink	Weil rotes Fleisch eine gute Eisenquelle ist, müssen Veganer sich woanders nach guten pflanzlichen Quellen umsehen. Zu denen gehören Linsen, Kichererbsen, Bohnen, Cashews, Kürbiskerne, Rosinen, Quinoa, Nüsse und Vollkornprodukte.
	JOD Der Körper braucht Jod, um Schilddrüsenhormone herzustellen. Fisch und Milchprodukte zählen zu den wenigen Lebensmitteln, die Jod liefern. Vegane Milchersatzprodukte enthalten das Spurenelement nur bei entsprechender Anreicherung. Pflanzliche Lebensmittel tragen praktisch nichts zur Jodversorgung bei. Eine gute Jodquelle sind jedoch Algen. Und natürlich jodiertes Speisesalz, das auch angereichert mit Folsäure angeboten wird.

VEGANE ALTERNATIVEN

Zunächst kann es anstrengend wirken, sich auf eine vegane Lebensweise einzulassen. Doch es gibt viele Alternativprodukte, die den Übergang deutlich erleichtern. Einfache vegane Alternativen für die vertrautesten Lebensmittel findet man im Supermarkt – was den wöchentlichen Einkauf weniger einschüchternd und das Kochen viel einfacher macht.

MILCH

Für viele Neu-Veganer ist eine gute Alternative zu Milch das wichtigste Austauschprodukt. Die Entscheidung ist meist Geschmackssache, doch es lohnt sich auch, die Milchersatzprodukte in Sachen Nährwert zu vergleichen.

MANDELDRINK

Mandeldrinks werden häufig wegen ihres Geschmacks gewählt. Oft sind sie mit Kalzium angereichert, liefern aber kaum Eiweiß oder Ballaststoffe. Zum Kochen bestens geeignet – beim Backen ist der Geschmack allerdings möglicherweise zu dominant.

KOKOSDRINK

Kokosdrinks haben weniger Kalorien als andere pflanzliche Drinks, sind aber – sofern sie nicht angereichert wurden – eher nährstoffarm. Sie enthalten praktisch kein Eiweiß.

HAFERDRINK

Haferdrinks sind eine gute Ballaststoffquelle. Allerdings liefern sie kaum Eiweiß, dafür reichlich Kohlenhydrate. Auch sie gibt es mit Kalzium angereichert. Eine gute Wahl für Menschen mit Soja- oder Nussallergien; gut zum Backen geeignet.

SOJADRINK

Sojadrinks sind am eiweißreichsten und ähneln, was die Nährwerte angeht, der Kuhmilch am meisten, enthalten aber nur wenig Kalzium, Eisen oder B-Vitamine, es sei denn, sie wurden damit angereichert. Wer viele Sojaprodukte zu sich nimmt, sollte Sojadrinks eher sparsam einsetzen; es sollten auf jeden Fall nicht mehrere Liter pro Tag sein. Mit Sojadrinks gelingt der beste Caffè Latte.

BUTTER

Vegane Margarine kann Butter in Rezepten eins zu eins ersetzen. Produkte auf Olivenölbasis eignen sich gut zum Braten und als Aufstrich. Sojamargarine lässt sich ganz allgemein zum Kochen verwenden, Sonnenblumenmargarine kann man gut zum Backen nehmen.

JOGHURT

Veganer Sojajoghurt ist eine prima Alternative zu Joghurt aus Milch. Beim Kochen weist er meist ähnliche Eigenschaften auf. Auch Kokosmilchjoghurt liefert diverse wichtige Vitamine und Mineralstoffe und kann lebende, aktive Kulturen enthalten.

KÄSE

Nährhefe ist ein guter Ersatz, insbesondere zum Überbacken, denn sie schmeckt herzhaft und ist reich an B-Vitaminen. Außerdem sind vegane Versionen der meisten Käsesorten im Handel. Es empfiehlt sich, einige unterschiedliche Typen und Marken zu probieren, denn die Wahl ist reine Geschmackssache.

HONIG

Honig in einem Rezept zu ersetzen, ist ziemlich einfach. Im Allgemeinen kann man anstelle von Honig dieselbe Menge Agavendicksaft nehmen, ein konzentriertes Süßungsmittel mit honigähnlicher Konsistenz. Auch Ahornsirup eignet sich; er hat eine ähnliche Konsistenz und lässt sich gut träufeln. Ahornsirup ist etwas kräftiger im Geschmack als Agavendicksaft und hochwertiger Ahornsirup kann teuer sein. Meist reicht schon eine kleine Menge.

EIER

Eier sind beim Backen von unschätzbarem Wert, doch das stärkehaltige Wasser von Kichererbsen und Bohnen aus der Dose, Aquafaba genannt, ist eiweißreich und kann als perfekter Ei-Ersatz dienen. Es emulgiert, bindet, schäumt und dickt an und kann, wenn man es steif schlägt, Eischnee ersetzen – ideal für Baisers. Am besten verwendet man das Wasser direkt aus der Kichererbsendose. Eine 400-ml-Dose enthält etwa 12 EL Aquafaba. Faustregel: 3 EL Aquafaba = 1 ganzes Ei und 2 EL = 1 Eiweiß.

FLEISCH

Seitan, Tempeh und Tofu sind die bekanntesten Fleischalternativen. Alle drei sind pur oder mariniert im Handel. In manchen Rezepten wird Fleisch auch durch Getreide, Hülsenfrüchte und Nüsse ersetzt.

SEITAN	Seitan besteht nicht aus Soja. Seine Konsistenz und die Fähigkeit, Aromen aufzunehmen, machen ihn zu einem guten Fleischersatz. Für die Herstellung wird Weizenmehlteig mit Wasser gewaschen, bis die gesamte Stärke entfernt wurde. Zurück bleibt festes, elastisches Gluten, das sich vielseitig zubereiten lässt. Es ist eiweißreich und kalorienarm, muss allerdings von Menschen mit Zöliakie oder Weizenunverträglichkeit sowie von Personen, die sich glutenfrei ernähren, gemieden werden.
TEMPEH	Tempeh entsteht durch das Fermentieren von ganzen Sojabohnen; dadurch kommt der Eiweißgehalt an den von Fleisch heran. Tempeh ist sogar gesünder als Tofu, weil die Fermentation den Anteil an Antinährstoffen, die in Sojabohnen vorhanden sind, verringert, und das Eiweiß leichter verdaulich wird. Es ist außerdem reich an Pantothensäure, Niacin, Riboflavin und Vitamin B6. Tempeh lässt sich gut grillen, braten und backen und ist ein prima Speckersatz.
TOFU	Tofu wird auch Sojabohnenquark genannt. Er entsteht, indem man aus Sojabohnen gewonnene »Milch« gerinnen lässt und anschließend die festen Bestandteile zu Blöcken presst. Er ist fett- und kalorienarm und liefert reichlich Eiweiß sowie Aminosäuren. Fester Tofu eignet sich gut für Wokgerichte und Suppen, weil er recht formstabil ist.

VEGAN VON ANFANG AN

Vegane Ernährung kann für jede Altersstufe geeignet sein. Doch wie bei jeder einschränkenden Ernährungsweise sollte man vor der Umstellung eine in veganer Ernährung fortgebildete Ernährungsfachkraft (Ökotrophologe/in, Diätassisstent/in) konsultieren und den Kinderarzt informieren, damit Fehler vermieden werden und die tägliche Nährstoffversorgung gesichert ist. Es ist gut, wenn man schon als Kind etwas über gesundheitsfördernde Ernährung lernt, denn dann kann man später im Leben bewusst gesunde Entscheidungen treffen.

KINDER IM WACHSTUM

In der Zeit vom Kleinkind bis zum Alter von 12 Jahren wachsen Kinder schnell. Daher benötigen sie eine Ernährung, die Eiweiß und Kalorien im richtigen Verhältnis zueinander bietet. Das Beste, das Sie für Ihre veganen Kinder tun können, ist, sie so früh wie möglich an möglichst viele unterschiedliche Geschmacksrichtungen und Konsistenzen heranzuführen. Das schult den Gaumen, und die Kinder werden experimentierfreudiger. Kinder, die gesunde, rein pflanzliche Kost bekommen, sind weitaus besser ernährt als Kinder, die mit Junkfood groß werden. Doch damit das gelingt, gilt es besonders wichtige Nährstoffe zu berücksichtigen oder kindgerechte Anpassungen vorzunehmen.

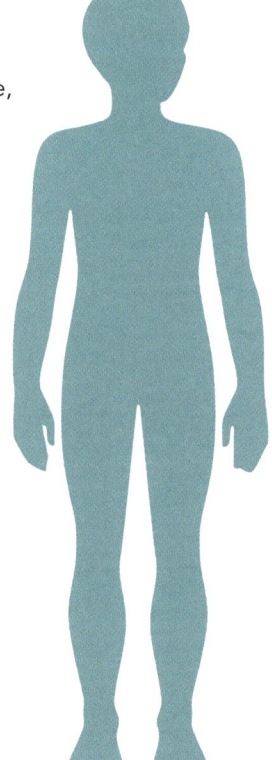

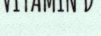

VITAMIN D

Für ein gesundes Knochenwachstum brauchen Kinder viel vom Sonnenvitamin D. Für eine gute Versorgung ist es am besten, die Eigensynthese durch täglichen Aufenthalt im Freien anzukurbeln – 15 Minuten reichen! In den sonnenarmen Monaten Oktober bis März sollte Vitamin D ergänzt werden.

EISEN

Stellen Sie sicher, dass Ihr Kind mit pflanzlicher Kost genug Eisen aufnimmt (s. S. 17). Eisen sorgt dafür, dass die roten Blutkörperchen Sauerstoff transportieren können – wichtig für Kinder, die sich im Wachstum befinden.

KALZIUM

Kalzium ist für das Wachstum von Knochen und Zähnen unerlässlich. Üblicherweise stammt es aus Milchprodukten, doch viele pflanzliche Milchalternativen sind mit Kalzium angereichert (s. S. 17).

FUTTER FÜR TEENAGER

Teenager brauchen täglich mindestens drei nährstoffreiche Mahlzeiten, zwischendurch ein paar gesunde Snacks und viel Wasser. Jungs benötigen rund 2500, Mädchen 2000 Kalorien am Tag. Mahlzeiten auszulassen, führt nur zu schlechten Essgewohnheiten und ungesundem Naschen. Die Ernährung spielt auch für die Konzentration eine entscheidende Rolle – Teenies müssen regelmäßig essen, damit der Blutzuckerspiegel nicht abfällt und das Gehirn vernebelt. Wichtig sind dabei Lebensmittel mit einer hohen Nährstoffdichte, die das körperliche und geistige Gedeihen fördern. An einigen Nährstoffen besteht im Teenageralter erhöhter Bedarf.

SCHNELLE ENERGIESPENDER FÜR KINDER

- Avocado-Bananen-Eiskugeln (s. S. 48)
- Zitroniger Spinat-Hummus (s. S. 54)
- Mungobohnen-Guacamole (s. S. 57)

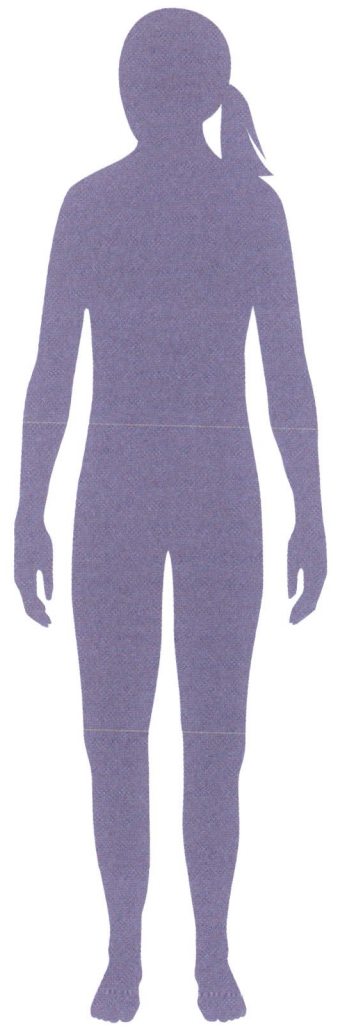

EISEN

Der Eisenbedarf ist bei Teenagern erhöht, weil sie Muskelmasse aufbauen und sich das Blutvolumen vergrößert. Es wird empfohlen, dass Jungs im Teenageralter im Durchschnitt 12 mg, Mädchen 15 mg täglich aufnehmen. Eisenmangel kann zu einer Anämie führen und diese wiederum zu Abgeschlagenheit, Kopfschmerzen, Benommenheit und zu mangelnder Konzentrationsfähigkeit.

VITAMIN C

Gerade Teenies sollten zu jeder Mahlzeit Vitamin-C-reiche Lebensmittel zu sich nehmen, weil dieses Vitamin dafür sorgt, dass pflanzliches Eisen aus der Nahrung besser aufgenommen wird.

EIWEISS

Teenager brauchen aufgrund von Stoffwechselumstellungen, Wachstumsschüben und vermehrter körperlicher Aktivität mehr Eiweiß. Diesem Bedürfnis sollte in Form einer abwechslungsreichen Ernährung mit reichlich Hülsenfrüchten, Samen und Vollkorn entgegengekommen werden.

KALZIUM

Kalzium ist im Teenageralter besonders wichtig, weil es sich um eine Phase mit starken Wachstumsschüben handelt. Stellen Sie sicher, dass die Teenies genug Kalzium aufnehmen, sonst besteht im Erwachsenenalter ein erhöhtes Risiko für Osteoporose. Wer als Teenager ausreichend Kalzium zu sich nimmt, reduziert das Risiko, später im Leben brüchige Knochen zu bekommen.

MYTHEN RUND UM VEGANE ERNÄHRUNG

Die Entscheidung für eine vegane Lebensweise basiert oft auf Überlegungen zu Ernährung, Tier- oder Umweltschutz. Wie bei vielen alternativen Ernährungsformen, gibt es auch über Veganismus diverse falsche Vorstellungen. Hier werden die häufigsten widerlegt.

VEGANE ERNÄHRUNG IST TEUER!

DAS MUSS NICHT SEIN ... Bei allen Ernährungsweisen hängen die Kosten davon ab, wie oft man frisch kocht. Die beste Methode, das Budget im Griff zu behalten: Einen Speiseplan für die Woche erstellen und entsprechend einkaufen. Teure Fertig- oder Halbfertigprodukte kann man so vermeiden. Wählen Sie stattdessen frisches Obst und Gemüse und frische Kräuter. Tatsächlich können Sie sogar Geld sparen, wenn Sie weder Fleisch noch Fisch noch Käse kaufen – die können nämlich ziemlich kostspielig sein. Legen Sie sich lieber einen Vorrat aus Trockenprodukten (z. B. Pasta, Hülsenfrüchte) an. Damit können Sie jederzeit eine günstige Mahlzeit zubereiten.

VEGAN IST NICHT GESUND!

JA, DAS KANN STIMMEN ... Für uns alle gilt: Gesund ist Ernährung nur, wenn sie möglichst vielseitig und abwechslungsreich ist. Und daher kann auch eine nicht-vegane Ernährung ziemlich ungesund sein, wenn Vitamine und Mineralstoffe außen vor bleiben. Veganer haben den gleichen Nährstoffbedarf wie alle anderen Menschen – auch ihre Ernährung muss ausgewogen sein. Greifen Sie also zu pflanzlichen Lebensmitteln in allen Farben des Regenbogens und stellen Sie sicher, dass Sie alle wichtigen Lebensmittelgruppen berücksichtigen. Auch die Eiweißversorgung macht grundsätzlich keine Probleme, auch wenn die Haupteiweißlieferanten Fleisch, Fisch und Milchprodukte weggelassen werden. Zum einen essen die meisten Nicht-Veganer viel mehr Eiweiß als empfohlen und zum anderen gibt es viele pflanzliche Alternativen.

VEGANER SIND STÄNDIG MÜDE!

NEIN, SIND SIE NICHT ... Solange sie nicht überwiegend Fertigprodukte konsumieren, haben sie reichlich Energie. Wichtig ist, dass man Vitamine und Mineralstoffe, die typischerweise in tierischen Produkten vorkommen, z. B. Kalzium und Eisen, aus pflanzlichen Quellen bezieht. Die meisten Nährstoffe kommen auch in pflanzlichen Lebensmitteln vor. Darüber hinaus gibt es vegane Lebensmittel, die mit kritischen Nährstoffen angereichert sind.

VEGANES ESSEN IST LANGWEILIG!

NEIN, IST ES NICHT … Viele denken, Veganer äßen nichts als Kartoffeln und grüne Blätter. In Wirklichkeit kann eine rein pflanzliche Ernährung aber mit extrem köstlichen Mahlzeiten aufwarten. Am besten konzentriert man sich darauf, eine Reihe von Obst, Gemüse und anderen pflanzlichen Lebensmitteln in den Speiseplan zu integrieren, statt darüber nachzudenken, was man weglassen soll. Experimentieren Sie mit Aromen, die dem Gaumen schmeicheln – dann haben Sie nie das Gefühl, es würde etwas fehlen. Würzen Sie die Speisen kräftig, um mehr Geschmack hineinzubringen.

VEGAN KOCHEN IST KOMPLIZIERT!

SICHERLICH NICHT … Veganes Kochen kann sogar einfacher sein als das Kochen mit Fleisch, Fisch oder Milchprodukten, denn Gemüse verzeiht viel und ist anpassungsfähig. Die Garmethoden sind im Prinzip die gleichen, was die Umstellung erleichtert. Rösten, Braten und Grillen entlocken manchem Gemüse die besten Aromen, Pochieren oder Dämpfen sorgt für frischen Geschmack. Die einzige Schwierigkeit besteht darin, dass man häufiger experimentieren muss, aber das können Sie langsam angehen. Versuchen Sie zunächst, Ihre alten Lieblingsgerichte vegan abzuwandeln, und bauen Sie nach und nach Ihr Rezeptrepertoire aus.

VEGANER KÖNNEN NICHT ESSEN GEHEN!

DAS WAR EINMAL … Essen gehen ist inzwischen kein Problem mehr, denn viele Restaurants bieten mittlerweile mindestens ein veganes Gericht an, und die Zahl rein veganer Restaurants steigt. In Asia-Restaurants gibt es eine große Auswahl an Tofu- und Gemüsegerichten; häufig werden aber auch dafür Fischsaucen und -pasten verwendet – erkundigen Sie sich danach. Die indische Küche bietet Linsen- oder Gemüsegerichte, die allerdings mit Ghee oder Joghurt zubereitet sein können. Und auch viele Thai-Gerichte sind vegan – doch fragen Sie lieber nach, ob sich Rührei darin verbirgt!

FRÜHSTÜCK
& BRUNCH

LINSEN-WAFFELN
mit fein gewürzter Beerensauce

Für 4 Personen
Zubereitungszeit: 15 Minuten
Garzeit: 15 Minuten

175 g Himbeeren
175 g Brombeeren
175 g Heidelbeeren
¼ TL Lebkuchengewürz
1 Zimtstange
300 ml Mandeldrink (ungesüßt)
4 EL Rapsöl, plus Öl für das
  Waffeleisen
Mark von 1 Vanilleschote
3 EL Agavendicksaft
225 g Vollkornmehl
1 ½ TL Backpulver
115 g gelbe Linsen, gegart

1 Himbeeren, Brombeeren und Heidelbeeren – eine Handvoll beiseitelegen – mit Lebkuchengewürz und der Zimtstange in einen kleinen Topf geben. Zugedeckt bei schwacher Hitze 15 Minuten garen, dabei gelegentlich umrühren, bis die Beeren zu einer dickflüssigen Sauce zerfallen sind. Bei Bedarf noch 2–3 EL Wasser untermischen.

2 Inzwischen den Mandeldrink mit einem Schneebesen in einer kleinen Schüssel mit Öl, Vanillemark und Agavendicksaft verquirlen.

3 Das Waffeleisen vorheizen. Mehl und Backpulver in einer großen Schüssel mischen. Die Mandeldrinkmischung unterrühren, dann behutsam die Linsen unterheben.

4 Das Waffeleisen mit etwas Öl fetten. Nacheinander je etwa 125 ml Teig in die Mitte des Eisens geben und nach Herstellerangaben Waffeln backen, bis der Teig verbraucht ist.

5 Die Zimtstange aus der Sauce entfernen. Die Waffeln sofort mit der Sauce und den frischen Beeren servieren.

Das Gute daran

Linsen in die Ernährung einzubeziehen hat zahlreiche Vorteile – sie sind eiweißreich, aber kalorienarm und daher eine großartige, gesunde, sättigende Zutat fürs Frühstück. Außerdem enthalten sie reichlich lösliche Ballaststoffe, die dazu beitragen können, den Cholesterinspiegel und somit das Risiko einer Herzerkrankung niedrig zu halten.

LEBERVURST

CASHEWCREME
mit Kräutern

Ergibt 300 g Vurst
Zubereitungszeit: 10 Minuten

1 mittelgroße rote
  Zwiebel
100 g Räuchertofu
150 g Kidneybohnen
  (aus der Dose)
1 EL Rapsöl
1 TL Majoran

1 TL Salz
¼ TL gemahlener weißer
  Pfeffer
1 EL getrocknete
  Petersilie
1 TL mittelscharfer Senf
2 EL Hafersahne

1 Die Zwiebel schälen und fein hacken. Den Räuchertofu würfeln. Die Kidneybohnen in ein Sieb abgießen, gründlich waschen und abtropfen lassen.

2 Das Öl in einer Pfanne erhitzen und die Zwiebel darin glasig andünsten. Den Majoran dazugeben und kurz braten, bis er duftet.

3 Zwiebel, Räuchertofu und die Kidneybohnen in einen Mixer geben und mit Salz, Pfeffer, Petersilie, Senf und der Hafersahne 3 Minuten mixen, bis eine homogene Masse entstanden ist.

4 Die LeberVurst in ein Twist-Off-Glas abfüllen und innerhalb von 3–5 Tagen verbrauchen.

Ergibt 450 g Cashewcreme
Zubereitungszeit: 10 Minuten, plus Einweichzeit

200 g Cashewkerne
200 ml Mandeldrink
  (ungesüßt)
1 TL Salz
½ TL gemahlener
  schwarzer Pfeffer

1 Spritzer Zitronensaft
½ Bund Petersilie
½ Bund Schnittlauch

1 Die Cashewkerne über Nacht in kaltem Wasser einweichen. In ein Sieb abgießen und das Einweichwasser wegschütten.

2 Alle Zutaten bis auf die Kräuter in einen Hoch-leistungsmixer geben und zu einer homogenen Masse pürieren. Cashewcreme in eine Schüssel füllen.

3 Die Petersilie waschen, trocken schütteln, die Blätter abzupfen und fein hacken. Schnittlauch waschen, trocken schütteln und in feine Röllchen schneiden. Beides unter die Cashewcreme rühren.

4 Cashewcreme in ein Twist-Off-Glas abfüllen und innerhalb von 3–5 Tagen verbrauchen.

Schnelle
SCHOKOCREME

Ergibt 300 g Schokocreme
Zubereitungszeit: 10 Minuten

120 g Haselnussmus
80 g Ahornsirup
20 g Kakaopulver

1 Prise Salz
½ TL gemahlene Vanille

1 Alle Zutaten mit 80 ml Wasser in einen Mixer geben und zu einer homogenen Masse pürieren.

2 Die Schokocreme in ein Twist-Off-Glas abfüllen und innerhalb von 3–5 Tagen verbrauchen.

Das Gute daran

Süßes gehört einfach dazu. Und wenn es wie hier so voll mit gesunden Inhaltsstoffen ist, dürfen die Kleinen sich auch eine zweite Scheibe Schokobrot schmecken lassen. Das gibt Energie für den Tag!

Vegane
MAYONNAISE

Ergibt 300 g Mayonnaise
Zubereitungszeit: 10 Minuten

80 ml Sojadrink
½ TL Zitronensaft
½ TL Weißweinessig
200 ml Rapsöl
1 Msp. mittelscharfer Senf

1 TL Salz
½ TL gemahlener weißer Pfeffer
1 Prise Kala Namak (indisches Kräutersalz)
1 Prise Zucker

1 Den Sojadrink in ein hohes Gefäß geben, Zitronensaft und Weißweinessig dazugeben, der Drink sollte etwas gerinnen.

2 Nach und nach das Rapsöl dazugeben und mit einem Stabmixer pürieren, bis die Mayonnaise eindickt. Mit Senf, Salz, Pfeffer, Kala Namak und Zucker abschmecken.

3 Die Mayonnaise in ein Twist-Off-Glas abfüllen und innerhalb von 3–5 Tagen verbrauchen.

VEGANE MAYONNAISE

Das Gute daran

Die veganen Brotaufstriche sind perfekt für eine gemeinsame Brotzeit, schmecken aber auch auf dem Pausenbrot, zum Frühstück oder sind zwischendurch, wenn der große Hunger kommt, ein gesunder Snack.

CASHEWCREME
MIT KRÄUTERN

SCHNELLE
SCHOKOCREME

LEBERVURST

KERNIGES GRANOLA
mit Nüssen, Trockenobst und Chiasamen

Ergibt 12 Portionen
Zubereitungszeit: 15 Minuten
Garzeit: 30–40 Minuten

30 g Kokosöl
75 ml Ahornsirup
¼ TL Salz
1 TL gemahlener Zimt
300 g Haferflocken
30 g Kürbiskerne
30 g Sonnenblumenkerne
75 g gehobelte Mandeln
75 g Haselnusskerne, grob gehackt
115 g Trockenobst (z. B. Cranberrys,
  Kirschen, Rosinen, entsteinte
  Datteln), grob gehackt
30 g geröstete Kokoschips
1 EL Chiasamen
1 EL gelbe Leinsamen
veganer Joghurt, Soja-, Hafer-,
  Nuss- oder Mandeldrink
frisches Obst zum Servieren

1 Den Backofen auf 160 °C vorheizen. Das Kokosöl bei Bedarf in einem kleinen Topf schmelzen. Vom Herd nehmen. Ahornsirup, Salz und Zimt mit einem Schneebesen unterrühren.

2 Die Haferflocken in einer großen Schüssel mit Kürbis- und Sonnenblumenkernen, Mandeln und Nüssen vermengen. Die Öl-Sirup-Mischung daraufgießen und gut untermischen.

3 Die Granolamischung auf zwei große Backbleche streichen. Im heißen Ofen auf der mittleren Schiene 30–40 Minuten rösten, dabei alle 10 Minuten wenden. Die Mischung muss immer ausgebreitet bleiben, damit sie gleichmäßig bräunt. Das Granola ist fertig, sobald es goldbraun und knusprig ist.

4 Das Granola abkühlen lassen. Trockenobst, Kokoschips, Chia- und Leinsamen untermischen. Mit veganem Joghurt, Soja-, Hafer-, Nuss- oder Mandeldrink und frischem Obst servieren. Luftdicht verpackt hält sich das Granola bis zu 2 Wochen.

Das Gute daran

Haferflocken sind nährstoffreich und können im Rahmen einer gesunden Ernährung helfen, den Cholesterinspiegel zu senken. Mandeln, Nüsse und Saaten liefern gesunde ungesättigte Fettsäuren und essenzielle B-Vitamine.

SMOOTHIE-BOWL
mit Beeren, Mango und Chiasamen

Für 2 Personen
Zubereitungszeit: 10 Minuten

Für den Smoothie
100 g TK-Himbeeren
100 g TK-Heidelbeeren
200 ml Nuss- oder Mandeldrink
   (ungesüßt)
100 g reife Banane
50 g Avocadofruchtfleisch
2 EL Chiasamen
2 EL Açaí-Pulver (nach Belieben)

Für das Topping
Fruchtfleisch von ½ kleinen Mango,
   in Scheiben geschnitten
1 EL gehobelte Mandeln
20 g Himbeeren
1 EL Kürbiskerne
1 EL getrocknete Maulbeeren

1 Die Zutaten für den Smoothie in einem Hochleistungsmixer glatt pürieren. Den Smoothie auf zwei Schalen verteilen.

2 Die Mangoscheiben strahlenförmig auf je einer Hälfte der Oberfläche anrichten, Mandeln, Himbeeren, Kürbiskerne und Maulbeeren streifenförmig auf die andere Hälfte streuen.

VARIANTE
....

Geben Sie doch einmal 125 g rohe Rote Bete (ungeschält) und etwas gehackten frischen Ingwer mit in den Mixer. Sollte der Smoothie zu dickflüssig sein, können Sie ihn mit mehr Nuss- oder Mandeldrink oder mit etwas kaltem Wasser verdünnen.

Das Gute daran

Ein richtiges Power-Frühstück – der hohe Kaliumgehalt von Bananen kann Sportler vor Muskelkrämpfen schützen, deshalb ist diese Bowl das ideale Frühstück vor körperlicher Anstrengung.

MACADAMIADRINK

REISDRINK

Ergibt 1 Liter
Zubereitungszeit: 10 Minuten, plus Einweichzeit

150 g Macadamianüsse
2 TL Agavendicksaft
1 Prise Salz

gemahlene Gewürze
(z. B. Vanille, Zimt,
Kardamom, Anis; nach
Belieben)

Ergibt 1 Liter
Zubereitungszeit: 10 Minuten

200 g gekochter Reis
8 getrocknete Datteln
1 Prise Salz

gemahlene Gewürze
(z. B. Vanille, Zimt,
Kardamom, Anis; nach
Belieben)

1 Die Macadamianüsse über Nacht in kaltem Wasser einweichen. In ein Sieb abgießen und das Einweichwasser wegschütten. Nüsse, Agavendicksaft und Salz mit 1 l Wasser in einen Hochleistungsmixer geben und fein pürieren.

2 Den Macadamiadrink durch ein feines Sieb oder ein dünnes Tuch passieren, um die festen Bestandteile zu entfernen. Je nach Geschmack nach Belieben die gemahlenen Gewürze hinzufügen und abschmecken.

3 Den Macadamiadrink in eine saubere Flasche füllen und kühlen. Er hält sich zwischen 3 und 5 Tage.

1 Reis, Datteln und Salz mit 1 l Wasser in einen Hochleistungsmixer geben und für einige Minuten gut durchmixen.

2 Den Reisdrink durch ein sehr feines Sieb oder ein dünnes Tuch passieren, um die festen Bestandteile zu entfernen. Nach Belieben die gemahlenen Gewürze hinzufügen und würzig abschmecken.

3 Den Reisdrink in eine saubere Flasche füllen und kühlen. Die leicht süßliche Reismilch hält sich zwischen 3 und 5 Tage.

MANDELDRINK

Ergibt 1 Liter
Zubereitungszeit: 10 Minuten, plus Einweichzeit

200 g Mandeln	gemahlene Gewürze
2 TL Agavendicksaft	(z. B. Vanille, Zimt,
1 Prise Salz	Kardamom, Anis; nach
	Belieben)

1 Die Mandeln über Nacht in kaltem Wasser einweichen. In ein Sieb abgießen und das Einweichwasser wegschütten. Mandeln, Agavendicksaft und Salz mit 1 l Wasser in einen Hochleistungsmixer geben und fein pürieren.

2 Den Mandeldrink durch ein feines Sieb oder ein dünnes Tuch passieren, um die festen Bestandteile zu entfernen. Nach Belieben die gemahlenen Gewürze hinzufügen und würzig abschmecken.

3 Den Mandeldrink in eine saubere Flasche füllen und kühlen. Er hält sich zwischen 3 und 5 Tage.

HAFERDRINK

Ergibt 1 Liter
Zubereitungszeit: 10 Minuten

120 g zarte Haferflocken	gemahlene Gewürze
2 TL Agavendicksaft	(z. B. Vanille, Zimt,
1 Prise Salz	Kardamom, Anis; nach
	Belieben)

1 1 l Wasser in einem Topf erhitzen, die Haferflocken dazugeben und 5 Minuten unter ständigem Rühren kochen lassen. Den Topf vom Herd nehmen und etwas abkühlen lassen.

2 Flocken, Agavendicksaft und Salz in einen Hochleistungsmixer geben und für einige Minuten gut durchmixen. Den Haferdrink durch ein feines Sieb oder ein dünnes Tuch passieren, um die festen Bestandteile zu entfernen. Nach Belieben die gemahlenen Gewürze hinzufügen und abschmecken.

3 Den Haferdrink in eine saubere Flasche füllen und kühlen. Er hält sich zwischen 3 und 5 Tage.

MANDEL-
DRINK

MACADAMIA-
DRINK

Das Gute daran

Diese Drinks stecken voller gesunder
Vitamine und Mineralstoffe. Besonders die
Nussdrinks enthalten viele B-Vitamine –
wichtig für die vegane Ernährung!

REIS-
DRINK

HAFER-
DRINK

MANDELDRINK-PORRIDGE
mit Grapefruit und Kakao

Für 2 Personen
Zubereitungszeit: 5 Minuten
Garzeit: 15 Minuten

50 g Haferflocken
250 ml Mandeldrink (ungesüßt)
1 rosa Grapefruit, geschält, die Filets
  aus den Trennhäuten geschnitten
¼ TL Kakaopulver
1 TL Pistazienkerne, gehackt

1 Die Haferflocken in einen Topf geben. Mandeldrink und 250 ml Wasser unterrühren. Aufkochen, dann bei schwacher Hitze 10–15 Minuten köcheln lassen, bis das Porridge cremig ist, dabei gelegentlich rühren.

2 Das Porridge in Schüsseln umfüllen, mit Grapefruitfilets belegen und das Ganze mit Kakaopulver und Pistazien bestreuen.

VARIANTE

Zur Abwechslung könnten Sie das Porridge auch mit Pfirsich- oder Aprikosenhälften belegen, mit gehackten Mandeln bestreuen und mit etwas Ahornsirup beträufeln.

Das Gute daran

Pistazienkerne sind reich an Antioxidanzien, die dabei helfen können, den Körper vor schädlichen Chemikalien – freien Radikalen – zu schützen. Die Grapefruit hat es ganz schön in sich: Sie liefert fast den halben Tagesbedarf an Vitamin C.

QUINOA-BUCHWEIZEN-GRANOLA
mit Saaten und Aprikosen

Ergibt 4–6 Portionen
Zubereitungszeit: 10 Minuten
Garzeit: 1 Stunde 22 Minuten

150 g Quinoa
115 g Haferflocken
125 g geschroteter Buchweizen
85 g Sonnenblumenkerne
85 g Kürbiskerne
85 g Chiasamen
60 g Kokosraspel
100 g Walnusskerne
1 EL gemahlener Zimt
100 ml Ahornsirup
60 g Kokosöl
Mark von 1 Vanilleschote
100 g Rosinen
50 g getrocknete Aprikosen,
  fein gehackt
Nuss- oder Mandeldrink (ungesüßt)
  zum Servieren

1 Den Backofen auf 160 °C vorheizen. Zwei oder drei große Backbleche mit Backpapier belegen.

2 Die Quinoa in ein Sieb füllen, abspülen und abtropfen lassen. Mit 500 ml Wasser in einen Topf geben. Aufkochen und 12 Minuten köcheln lassen, bis sie bissfest ist.

3 In ein Sieb abgießen und abtropfen lassen, dann in eine Rührschüssel füllen. Haferflocken, Buchweizen, Sonnenblumen- und Kürbiskerne, Chiasamen, Kokosraspel, Nüsse und Zimt hinzufügen.

4 Ahornsirup, Kokosöl und Vanillemark in einem kleinen Topf langsam erhitzen, bis sich alles verbunden hat. Unter die Quinoamischung rühren und das Ganze 10 Minuten quellen lassen.

5 Die Mischung 1 cm dick auf die Bleche streichen. Im Backofen auf der mittleren Schiene 20 Minuten rösten, dann umrühren. Die Ofentemperatur auf 140 °C senken. Das Granola weitere 20 Minuten rösten. Einmal durchrühren, dann weitere 20 Minuten rösten; aus dem Ofen nehmen.

6 Rosinen und Aprikosen mischen, dann gleichmäßig auf die Backbleche verteilen. Das Granola vollständig auskühlen lassen. Anschließend in einen fest verschließbaren Behälter füllen oder gleich mit Nuss- oder Mandeldrink zum Aufgießen servieren.

Das gute daran

Die Nüsse, Kerne und Samen sowie das Getreide in diesem Granola stecken voller wertvoller Fette und Mikronährstoffe. Getrocknete Aprikosen sind reich an Kalium – wer sie häufig auf den Speiseplan setzt, tut damit etwas für einen gesunden Blutdruck.

SCHOKO-HASELNUSS-PORRIDGE
mit Banane und Ahornsirup

Für 2 Personen
Zubereitungszeit: 10 Minuten
Garzeit: 5 Minuten

Für das Porridge
½ Banane
1 EL Haselnusskerne
60 g Haferflocken
350 ml Haselnussdrink (ungesüßt)
2 EL Ahornsirup
1 EL Kakaopulver

Für das Topping
½ Banane
1 EL Haselnusskerne
1 EL Kakaonibs
Ahornsirup (nach Belieben)

1 Die Banane schälen und in Scheiben schneiden, die Haselnüsse grob hacken. Haferflocken, Nussdrink, Banane, Ahornsirup, Kakao und Nüsse in einen Topf geben. Bei mittlerer Hitze zum Kochen bringen, dabei ständig mit einem Kochlöffel rühren.

2 Das Porridge unter häufigem Rühren bei schwacher Hitze 5 Minuten köcheln lassen, bis es die gewünschte Konsistenz hat. Wer es etwas flüssiger mag, mischt einfach mehr Haselnussdrink unter.

3 Die zweite Hälfte der Banane schälen und in Scheiben schneiden. Die Haselnüsse grob hacken, die Kakaobohnensplitter zerstoßen. Das Porridge auf Schalen verteilen, mit Nüssen, Kakaonibs und Bananenscheiben garnieren und nach Belieben mit Ahornsirup beträufeln. Sofort servieren.

Das Gute daran

Die Energie aus Haferflocken wird nur langsam freigesetzt. Außerdem liefern die Flocken reichlich Eisen. Kakao ist für Veganer eine gesunde Schokoladenalternative. Er ist besonders reich an Magnesium, Kalzium, Eisen und Zink.

SNACKS FÜR ZWISCHEN-DURCH

AVOCADO-BANANEN-EISKUGELN
mit Kakao und Chiasamen

Ergibt 8 Stück
Zubereitungszeit: 15 Minuten,
plus Kühlzeit

400 ml Mandel- oder Haselnussdrink
  (ungesüßt)
2 EL Kakaonibs
1 EL Chiasamen
Fruchtfleisch von ½ reifen Avocado
1 kleine Banane, in Scheiben
  geschnitten
1 Prise Meersalz

1 Den Mandel- oder Haselnussdrink in einen kleinen Topf geben und mit den Kakaonibs bestreuen. Behutsam zum Köcheln bringen, vom Herd nehmen und etwas ruhen lassen. Die Chiasamen unterrühren und die Mischung vollständig auskühlen lassen.

2 Avocado und Banane in den Mixer geben und mit dem Salz fein pürieren. Die abgekühlte Drinkmischung hinzufügen und untermixen. Die Kakaonibs sollen dabei zerkleinert, aber nicht gemahlen werden.

3 Die Masse mithilfe eines Spritzbeutels mit großer Lochtülle in acht Eiskugelformen (je 60 ml Inhalt) spritzen. Sollten Sie keine solchen Formen haben, können Sie auf gewöhnliche Eis-am-Stiel-Formen zurückgreifen oder die Masse in Eiswürfelbehälter füllen. Die gefüllten Formen ins Tiefkühlfach stellen und gefrieren lassen.

4 Sobald die Kugeln halb gefroren sind, in jede einen Stiel stecken. Zurück ins Tiefkühlfach stellen, bis sie hart sind.

Das Gute daran

Avocados liefern nicht nur eine Menge hochwertiger Fette, sondern auch viele B-Vitamine. Außerdem verdoppeln Sie Ihre Aufnahme an Kalium, wenn Sie Avocado und Banane zusammen verzehren. Jeden Tag einmal Chiasamen zu essen, kann sich anregend auf den Stoffwechsel auswirken.

ROHE ENERGIERIEGEL
mit Datteln und getrockneten Aprikosen

Ergibt 16 Stück
Zubereitungszeit: 20 Minuten,
**   plus Kühlzeit**

200 g getrocknete Datteln,
   grob gehackt
100 g getrocknete Aprikosen,
   grob gehackt
60 g getrocknete Kirschen oder
   Cranberrys, grob gehackt
60 g gehobelte Mandeln
60 g Cashewkerne, grob gehackt
30 g Kürbiskerne
30 g Sonnenblumenkerne
30 g Kokosflocken
2 EL Kakaopulver

1 Eine quadratische Backform (20 x 20 cm) mit Backpapier auslegen. Die Datteln in eine hitzebeständige Schüssel geben, mit heißem Wasser übergießen und einweichen lassen.

2 Nach 5 Minuten die Datteln in ein Sieb abgießen, abtropfen und abkühlen lassen. Die Datteln ausdrücken, bis sie nur noch leicht feucht sind. In den Mixer geben und die weiteren Zutaten hinzufügen.

3 Alles zerkleinern, bis eine homogene Masse entsteht. Sollte sich die Mischung nicht gut mixen lassen, können Sie den Teig halbieren oder dritteln und portionsweise zerkleinern.

4 Die Hände anfeuchten. Die Mischung in die vorbereitete Form stürzen und mit den Händen gleichmäßig in die Form drücken. Den Rücken eines großen Metalllöffels anfeuchten und damit die Oberfläche der Mischung glätten. Die gefüllte Form für 3–4 Stunden in den Kühlschrank stellen.

5 Die Mischung auf ein Brett stürzen und in 16 Quadrate schneiden. Die Quadrate einzeln in Butterbrotpapier wickeln, damit sie nicht aneinanderkleben. In einen fest verschließbaren Behälter geben und bis zur Verwendung im Kühlschrank aufbewahren.

Das gute daran

Diese No-bake-Riegel vereinen ballaststoffreiches Trockenobst mit eiweißreichen Kernen. Für alle, die sich rein pflanzlich ernähren, sind sie ideal für unterwegs, denn sie liefern eine Menge Energie.

TROPISCHE IMMUNSTÄRKER
mit Mango und Gojibeeren

Ergibt 16 Stück
Zubereitungszeit: 20 Minuten,
   plus Kühlzeit

140 g getrocknete Mango
30 g Gojibeeren
140 g Cashewkerne
60 g Kokosraspel, plus mehr
   zum Fertigstellen
1 EL Baobab-Pulver
1 ¼ TL gemahlene Kurkuma
1 TL Hagebuttenpulver
Saft und Schale von 1 Bio-Limette

1 Alle Zutaten in den Mixer geben und in Intervallen fein zerkleinern. Bei laufendem Gerät nach und nach 2–3 EL kaltes Wasser hinzufügen, bis die Mischung bindet und sich zu einer lockeren Kugel formt.

2 Die Mischung in 16 gleich große Portionen teilen und jede zu einer Kugel formen.

3 Die Kokosraspel auf einen Teller streuen. Die Kugeln behutsam darin rollen, bis sie gleichmäßig von Kokosraspeln umhüllt sind.

4 Die Kugeln für 1 Stunde in den Kühlschrank geben oder 20 Minuten einfrieren, damit sie vor dem Essen fester werden. Sie schmecken eiskalt am besten, man kann sie aber auch in die Lunchbox packen, zur Schule oder zur Arbeit mitnehmen und später genießen.

Das Gute daran

Kurkuma wirkt entzündungshemmend. Regelmäßig verzehrt, kann sie einen Beitrag dazu leisten, dass man von Erkältungen und Grippe verschont bleibt. Die kleinen Gojibeeren sind richtige Nährstoffbomben – sie enthalten reichlich Carotinoide, Vitamin C, Eisen, Kalium und Kalzium.

ZITRONIGER SPINAT-HUMMUS
mit Tahin und Chiasamen

Für 6 Personen
Zubereitungszeit: 5 Minuten

150 g gegarte Kichererbsen,
  aus den Häuten gedrückt
75 g Babyspinat
2 Knoblauchzehen
Saft und Schale von
  1 großen Bio-Zitrone
1 EL Tahin (Sesammus)
4 EL Olivenöl
Salz
frisch gemahlener
  schwarzer Pfeffer
1 ½ EL Chiasamen
Mikrogrün zum Garnieren
Alfalfasprossen zum Garnieren,
  nach Belieben (s. Tipp S. 61)

1 Kichererbsen, Spinat, Knoblauch, Zitronensaft und -schale sowie Tahin in den Mixer geben und auf niedriger Stufe 1 Minute mischen.

2 Auf höchster Stufe das Öl dazuträufeln. Soll das Hummus dünnflüssiger werden, nach und nach kaltes Wasser hinzufügen – jeweils 1 EL, bis die gewünschte Konsistenz erreicht ist. Das Hummus mit Salz und Pfeffer abschmecken.

3 Das Hummus in eine Servierschüssel umfüllen. Mit Chiasamen, Mikrogrün und nach Belieben mit Sprossen garnieren und sofort servieren.

Das Gute daran

Blattspinat ist für Veganer ein Muss, weil er reichlich Carotinoide sowie die Vitamine K, C, B6, B12 und E liefert. Carotinoide, Vitamin C und Vitamin E sind besonders gut für die Haut, denn sie reinigen sie von innen.

MUNGOBOHNEN-GUACAMOLE
mit Limette und Koriander

Für 2 Personen
Zubereitungszeit: 20 Minuten

2 reife Avocados
1 Limette
1 Zwiebel
2 Knoblauchzehen
1 Tomate
85 g gegarte Mungobohnen
2 EL grob gehacktes Koriandergrün
Salz
frisch gemahlener
  schwarzer Pfeffer

1 Die Avocados halbieren, die Steine entfernen und das Fruchtfleisch aus den Schalen lösen. Die Avocadostücke in eine große Schüssel geben. Die Limette halbieren und auspressen. Den Limettensaft sofort darüberträufeln und die Avocadostücke mit einer Gabel zerdrücken.

2 Zwiebel und Knoblauch schälen und fein würfeln. Die Tomate waschen und in Würfel schneiden. Mit Zwiebel, Knoblauch, Mungobohnen und Koriandergrün hinzufügen und behutsam unterrühren. Die Guacamole mit Salz und Pfeffer abschmecken. Sofort servieren.

VARIANTE

Ersetzen Sie die Mungobohnen doch einmal durch schwarze oder weiße Bohnen. Zur Abwechslung könnten Sie auch noch gehackte grüne Oliven, rote Paprikaschoten, gerösteten Knoblauch oder geröstete Kürbiskerne untermischen.

Das Gute daran

Durch die Zugabe von Mungobohnen wird dieser mexikanische Klassiker mit Nährstoffen angereichert und besonders cremig. Mungobohnen sind eine hervorragende Quelle für Folsäure, Magnesium und Vitamin B1. Außerdem enthalten sie reichlich Ballaststoffe und Eiweiß.

KICHERERBSENMEHL-FLADEN
mit Kräuter-Oliven-Salat

Für 2 Personen
Zubereitungszeit: 15 Minuten,
  plus Ruhezeit
Garzeit: 10 Minuten

Für die Fladen
100 g Kichererbsenmehl
1 TL geräuchertes Paprikapulver
1 Msp. Knoblauchpulver
1 Prise Salz
5 EL Olivenöl

Für den Kräuter-Oliven-Salat
45 g Rucola
10 g Petersilie
5 g Basilikum
45 g grüne Oliven, entsteint
  und halbiert
Saft von 1 Zitrone
Salz
frisch gemahlener
  schwarzer Pfeffer

1 Für den Teig das Kichererbsenmehl mit Paprika- und Knoblauchpulver, Salz, 2 EL Öl und 250 ml Wasser in eine Rührschüssel geben und alles mit einem Schneebesen verrühren. Den Teig 1 Stunde bei Zimmertemperatur ruhen lassen.

2 Zwei gusseiserne Pfannen (oder zwei andere ofenfeste Pfannen) auf ein Gitter in der Backofenmitte stellen. Den Backofen auf der höchsten Stufe vorheizen (dabei werden auch die Pfannen heiß).

3 Sobald sie heiß sind, die Pfannen vorsichtig aus dem Ofen nehmen. Je 1½ TL Öl hineingeben und durch Schwenken verteilen. In jede Pfanne eine Hälfte des Teigs gießen. Die Pfannen wieder in den Ofen stellen und die Fladen 8 Minuten backen. Dann den Grill auf niedriger Stufe einschalten und die Fladen weitere 2 Minuten garen, aus dem Backofen nehmen und 1–2 Minuten ruhen lassen.

4 Inzwischen für den Kräuter-Oliven-Salat Rucola, Petersilie und Basilikum waschen, trocken schütteln, grobe Stiele entfernen und kleiner zupfen. Oliven und Zitronensaft unter die Blätter mischen, salzen und pfeffern. Die Fladen auf zwei Teller geben und den Salat gleichmäßig darauf verteilen. Sofort servieren.

Das Gute daran

Kichererbsenmehl ist von Natur aus glutenfrei. Es verleiht Speisen eine nussige Note und reichert sie mit Eiweiß an. Außerdem ist es eine ausgezeichnete Quelle für Folsäure, ohne die das Immunsystem nicht ordnungsgemäß funktionieren kann.

SOMMERROLLEN
mit Sprossen und Chili-Limetten-Dip

Ergibt 8 Stück
Zubereitungszeit: 20 Minuten

Für den Dip
½ milde rote Chilischote
½ Knoblauchzehe
2 EL Rotweinessig
1 EL Limettensaft
1 EL Zucker
1 TL feines Meersalz

Für die Sommerrollen
30 g Glasnudeln
8 Blatt Reispapier (je 15 cm Ø)
1 Möhre, in dünne, 5 cm lange Stifte
  geschnitten
1 Stück Salatgurke (5 cm), geviertelt,
  entkernt und in dünne Stifte
  geschnitten
1 Handvoll Radieschensprossen
1 Handvoll Senfsprossen
15 g Erbsensprossen
1 Handvoll gemischte Kräuter
  (Minze, Koriandergrün, Thai-
  basilikum), grob gehackt

1 Für den Dip die Chilischote längs halbieren, entkernen und fein hacken. Knoblauch schälen und in dünne Scheiben schneiden. Mit Essig, Limettensaft, Zucker und Salz mit 3 EL warmem Wasser verquirlen.

2 Die Glasnudeln in eine Schüssel geben und mit kochendem Wasser übergießen. 5 Minuten quellen lassen, dann in ein Sieb schütten und gut abtropfen lassen.

3 Nacheinander je 1 Blatt Reispapier für 10–15 Sekunden in eine Schüssel mit warmem Wasser geben. Sobald es weich ist, das Papier auf ein sauberes feuchtes Geschirrtuch legen. Auf das untere Drittel des Papiers einen rechteckigen Stapel aus 1 EL Nudeln und jeweils der gleichen Menge Gemüse und Sprossen geben, dabei rechts und links 1 cm Rand frei lassen. Den Stapel mit Kräutern bestreuen.

4 Die untere Kante des Reispapiers anheben und über die Füllung klappen. Anschließend die Seiten über die Füllung klappen und das Ganze von unten aufrollen. Die Rolle mit der Naht nach unten auf eine Servierplatte legen und mit einem zweiten sauberen feuchten Geschirr-tuch bedecken. Weitere Sommerrollen herstellen, bis die Füllung aufge-braucht ist. Sobald die letzte Rolle fertig ist, die Rollen sofort servieren, den Dip dazureichen.

Das Gute daran

Radieschen- und Senfsprossen sind sehr nährstoffreich. Sie enthalten beispielsweise viel Vitamin B6, ein Vitamin, das den Stoffwechsel ankurbelt. Rohe Sprossen können von Keimen kontaminiert sein, deshalb sind sie für Klein-kinder und Schwangere nicht geeignet. Sie können durch mehr Kräuter ersetzt werden.

ARANCINI
mit Panko-Panade

Für 4 Personen
Zubereitungszeit: 30 Minuten,
   plus Kühlzeit
Garzeit: 10 Minuten

125 g Mehl
175 g Panko (japanische
   Semmelbrösel)
etwa 400 g fertiges Risotto vom
   Vortag, über Nacht gekühlt
8 etwa 1 cm große Würfel veganer
   Mozzarella
40 g TK-Erbsen
Traubenkernöl zum Frittieren
frische Tomatensauce
   zum Servieren

1 Zwei Backbleche mit Backpapier auslegen. Mehl, 125 ml Wasser und Panko getrennt in drei kleine Schalen füllen.

2 Das Risotto in acht Portionen teilen und mit angefeuchteten Händen zu Kugeln rollen. In die Mitte jeweils einen Mozzarellawürfel und ein paar Erbsen stecken. Die Kugeln auf ein Backblech legen.

3 Jeweils eine Kugel rasch in Mehl rollen, dann in Wasser tauchen und in Panko rollen; die Kugel soll gleichmäßig umhüllt sein. Noch einmal im Mehl rollen, überschüssiges Mehl abklopfen. Die Kugel auf das zweite Backblech legen. Auf diese Weise weitere sieben Arancini herstellen. Die Arancini 30 Minuten oder über Nacht kalt stellen.

4 Kurz vor dem Servieren den Backofen auf 130 °C vorheizen. In einen weiten Topf 7,5–10 cm hoch Öl gießen und bei mittlerer bis hoher Temperatur auf 190 °C erhitzen (Ölthermometer verwenden). Jeweils drei oder vier Arancini hineingeben und etwa 3 Minuten frittieren, bis sie rundherum goldbraun sind, dabei häufig wenden. Anschließend auf ein Gitter über einem Backblech setzen, damit sie knusprig bleiben. Im Ofen warm halten, solange die zweite Portion frittiert wird. Heiß servieren, frische Tomatensauce als Dip dazureichen.

SUPPEN & EINTÖPFE

CREMIGE GRÜNE SUPPE
mit Weizen, Lauch und Cannellinibohnen

Für 4 Personen
Zubereitungszeit: 15 Minuten
Garzeit: 1 Stunde 20 Minuten

400 g Weizenkörner
800 g Cannellinibohnen
  (aus der Dose)
1 EL Olivenöl
1 Zwiebel, fein gewürfelt
2 Knoblauchzehen, zerdrückt
4 Lauchstangen, geputzt und quer
  in dünne Streifen geschnitten
500 g Frühkohl, von den Stielen
  befreit und in dünne Streifen
  geschnitten
750 ml Gemüsebrühe
Salz
frisch gemahlener
  schwarzer Pfeffer

1 Die Weizenkörner in einen großen Topf mit schwerem Boden geben und mit kaltem Wasser bedecken. Zum Kochen bringen, dann offen 45–50 Minuten köcheln lassen, bis sie weich sind, aber noch Biss haben. In ein Sieb abgießen und mit kaltem Wasser abschrecken, dann abtropfen und abkühlen lassen.

2 Die Bohnen in einem Sieb abtropfen lassen. Das Öl in einem großen Topf bei mittlerer Temperatur erhitzen. Zwiebel und Knoblauch darin unter häufigem Rühren etwa 5 Minuten anschwitzen.

3 Den Lauch hinzufügen und etwa 10 Minuten mitgaren, bis er weich ist, dabei gelegentlich umrühren. Den Kohl dazugeben und alles weitere 2–3 Minuten garen, bis der Kohl zusammengefallen ist.

4 Die Brühe angießen. Die Suppe aufkochen und etwa 10 Minuten köcheln lassen. Die Bohnen dazugeben und kurz unterrühren. Die Suppe mit dem Stabmixer oder in Intervallen im Mixer glatt pürieren.

5 Die Suppe mit Salz und Pfeffer abschmecken, dann in 2–3 Minuten wieder richtig heiß werden lassen. Die Weizenkörner unterrühren und die Suppe vom Herd nehmen. Die Suppe in Suppenschalen geben, mit Pfeffer würzen und heiß servieren.

Das Gute daran

Weizenkörner sind ballaststoffreich und kalorienarm, regen die Verdauung an und sind die ideale Ergänzung einer rein pflanz-lichen Ernährung. Der Lauch ist für diese Suppe eine Bereicherung – er liefert Carotinoide, Vitamin K und Magnesium, die Augen und Knochen in Topform halten.

VÜRSTCHENGULASCH
auf Bandnudeln

4 Personen
Zubereitungszeit: 45 Minuten

400 g vegane Fleischwurst
2 Schalotten
1 Knoblauchzehe
1 Paprikaschote
150 g Champignons
3 EL Olivenöl
50 g Tomatenmark
50 g Emmermehl
50 ml roter Traubensaft (vegan)
200 ml Gemüsebrühe
Saft von ½ Orange
400 g geschälte, geviertelte Tomaten
   (aus der Dose)
2 TL Senf
1 TL Salz
¼ TL frisch gemahlener
   schwarzer Pfeffer
½ TL Paprikapulver, edelsüß
¼ TL gemahlener Kümmel
1 TL getrockneter Majoran
500 g Bandnudeln
30 g Margarine

Für die Garnitur
3 Stängel Petersilie
vegane Crème fraîche

1 Die Fleischwurst in 2 cm große Würfel schneiden und kalt stellen. Schalotten und Knoblauch schälen und in feine Würfel schneiden. Die Paprika waschen, entkernen und ebenfalls in Würfel schneiden. Die Champignons mit einem feuchten Küchentuch abtupfen, den Stiel entfernen und die Pilze in Viertel oder Scheiben schneiden.

2 Das Olivenöl in einem Topf erhitzen und Paprika, Pilze, Schalotten- und Knoblauchwürfel darin glasig andünsten. Das Tomatenmark einrühren, kurz anrösten und leicht karamellisieren lassen. Mit dem Mehl bestäuben, kurz mitbraten und mit dem Traubensaft, der Gemüsebrühe und dem Orangensaft ablöschen. Die Tomaten hinzufügen und mit Senf, Salz, Pfeffer, Paprikapulver, Kümmel und Majoran würzen. 30 Minuten bei kleiner Hitze köcheln lassen, bis die Flüssigkeit verdampft ist und die Sauce etwas eindickt.

3 Inzwischen die Bandnudeln nach Packungsangabe al dente kochen, abgießen und die Margarine dazugeben. Die Petersilie waschen, trocken schütteln, die Blätter abzupfen und fein hacken. Die Bandnudeln auf Tellern anrichten, die Sauce darübergeben und mit Crème fraîche und der gehackten Petersilie garnieren.

ROTE-BETE-BUCHWEIZEN-SUPPE
mit Zitronen-Joghurt-Sauce

Für 4 Personen
Zubereitungszeit: 15 Minuten
Garzeit: 45 Minuten

200 g Buchweizen
1 Zwiebel
750 g Rote Bete
1 EL Öl
500 ml Gemüsebrühe
400 g gehackte Tomaten
  (aus der Dose)
Salz
frisch gemahlener
  schwarzer Pfeffer
1 Handvoll Rosmarinnadeln

Für die Zitronen-Joghurt-Sauce
250 g Soja- oder Kokosmilchjoghurt
Saft von 1 Zitrone

1 Den Buchweizen in ein Sieb geben. Abspülen, dann in einen Topf füllen und mit 500 ml kochend heißem Wasser bedecken. Etwa 15 Minuten garen, bis die Körner weich sind. Beiseitestellen.

2 Die Zwiebel schälen und in feine Würfel schneiden. Die Rote Bete schälen und in kleine Stücke schneiden. Das Öl in einem großen Topf bei mittlerer Temperatur erhitzen. Die Zwiebelwürfel darin unter häufigem Rühren etwa 5 Minuten anschwitzen, bis sie glasig sind. Rote Bete und Brühe hinzufügen. Die Mischung 30–40 Minuten köcheln lassen, bis die Rote Bete weich ist.

3 Die Tomaten dazugeben und 2–3 Minuten mitgaren. Die Suppe im Mixer oder mit dem Stabmixer glatt pürieren. Anschließend mit Salz und Pfeffer abschmecken und bei schwacher Hitze in 2–3 Minuten wieder richtig heiß werden lassen. Vom Herd nehmen.

4 Die Zutaten für die Sauce in einer Schüssel verrühren. Die Suppe auf vier Schalen verteilen und mit der Sauce garnieren. Gleich große Mengen Buchweizen hinzufügen. Die Portionen mit Rosmarin garnieren und heiß servieren.

Das Gute daran

Rote Bete ist eine Bereicherung für eine rein pflanzliche Ernährung: Sie liefert viel Eisen, das vor Anämie schützen kann. Außerdem enthält sie Kieselsäure, eine Substanz, die der Körper braucht, um Kalzium optimal verwerten zu können. Und weil Rote Bete von Natur aus süß ist, schmeckt sie auch Kindern gut.

SÜSSKARTOFFEL-ERDNUSS-SUPPE
mit Teff und Kokosmilchjoghurt

Für 6–8 Personen
Zubereitungszeit: 15 Minuten
Garzeit: 45 Minuten

100 g Teff (Zwerghirse)
1 EL Öl
1 Zwiebel, fein gewürfelt
2 Knoblauchzehen, fein gehackt
1 EL gemahlener Kreuzkümmel
400 g gehackte Tomaten
 (aus der Dose)
700 g Süßkartoffeln, ungeschält in
 Würfel geschnitten
1 l Gemüsebrühe
100 g Erdnusscreme
Salz
frisch gemahlener
 schwarzer Pfeffer
200 g Kokosmilchjoghurt
6 EL grob gehacktes Koriandergrün

1 In einem großen Topf 400 ml Wasser zum Kochen bringen. Teff einrühren und 10 Minuten darin köcheln lassen, bis er das gesamte Wasser aufgenommen hat. Vom Herd nehmen und beiseitestellen.

2 Inzwischen das Öl in einem großen Topf bei mittlerer Temperatur erhitzen. Zwiebel und Knoblauch darin unter gelegentlichem Rühren etwa 5 Minuten anschwitzen, bis die Zwiebelwürfel glasig sind. Den Kreuzkümmel hinzufügen und ebenfalls 2 Minuten unter Rühren anschwitzen.

3 Tomaten, Süßkartoffeln und Brühe in den Topf geben. Das Ganze bei schwacher Hitze zugedeckt etwa 30 Minuten köcheln lassen, bis die Süßkartoffeln weich sind. Vom Herd nehmen und die Suppe im Mixer oder mit dem Stabmixer glatt pürieren. Die Erdnusscreme dazugeben und sorgfältig untermixen.

4 Den Teff in die Suppe geben und unterrühren. Den Topf wieder auf den Herd stellen. Die Suppe in 2–3 Minuten wieder richtig heiß werden lassen, dann mit Salz und Pfeffer abschmecken, in Schalen geben und mit dem Joghurt garnieren. Mit Koriandergrün bestreuen und heiß servieren.

Das gute daran

Teff, die Zwerghirse, ist eine Getreidesorte, die sich gut in eine rein pflanzliche Ernährung integrieren lässt. Sie ist reich an Vitaminen und Mineralstoffen – ihr Eisengehalt ist fünfmal höher als der von Weizen. Und Eisen aus Teff kann leichter aufgenommen werden, weil die Körner geringe Mengen von Phytinsäure enthalten.

SOMMERLICHE ERBSEN-AVOCADO-SUPPE
mit Minze und Quinoa

Für 4 Personen
Zubereitungszeit: 10 Minuten
Garzeit: 25 Minuten

50 g Quinoa
2 Avocados
500 g TK-Erbsen
20 g Minze, gehackt,
  plus mehr zum Garnieren
1 l Mandeldrink (ungesüßt)

1 Die Quinoa in ein Sieb geben und unter fließendem Wasser abspülen. Abtropfen lassen, dann in einen Topf geben. 250 ml Wasser angießen und zum Kochen bringen.

2 Die Quinoa bei schwacher Hitze zugedeckt 15–20 Minuten köcheln lassen, bis sie fast die gesamte Flüssigkeit aufgenommen hat und locker ist. Vom Herd nehmen und das restliche Wasser abgießen. Die Quinoa zum Abkühlen beiseitestellen.

3 Die Avocoados halbieren, den Stein entfernen und das Fruchtfleisch aus der Schale lösen. Avocado in Stücken in den Mixer geben. Gefrorene Erbsen, Minze und die Hälfte des Mandeldrinks hinzufügen und das Ganze glatt pürieren. Den restlichen Mandeldrink dazugießen und in Intervallen untermixen.

4 Die Suppe auf vier Suppenschalen verteilen. Jeweils ein Viertel der Quinoa dazugeben. Die Portionen mit gehackter Minze garnieren und sofort servieren.

Das gute daran

Die Erbsen liefern eine ordentliche Portion Vitamin K. Außerdem: Weil sie relativ eiweißreich sind, sättigen sie gut – und keiner muss hungrig vom Tisch aufstehen.

SOMMERLICHER BOHNENEINTOPF
mit Weizenkörnern

Für 4 Personen
Zubereitungszeit: 20 Minuten,
plus Einweichzeit
Garzeit: 55 Minuten

100 g Weizenkörner
400 g weiße Bohnen (aus der Dose)
400 g Borlottibohnen (aus der Dose)
1 Zwiebel
2 Knoblauchzehen
1 EL Öl
2 Stangen Staudensellerie, fein
  zerkleinert
2 gelbe oder rote Paprikaschoten,
  geputzt und gewürfelt
1 Zucchini, gewürfelt
500 ml Gemüsebrühe
400 g gehackte Tomaten
  (aus der Dose)
2 TL italienische Kräutermischung
Salz
frisch gemahlener
  schwarzer Pfeffer
1 Handvoll Basilikumblätter

1 Die Weizenkörner in eine große Schüssel geben und mit Wasser bedecken. Über Nacht, mindestens aber 8 Stunden einweichen. Anschließend in ein Sieb schütten und unter fließendem Wasser abspülen. Gut abtropfen lassen, dann beiseitestellen.

2 Die Bohnen in ein Sieb schütten und abtropfen lassen. Zwiebel und Knoblauch schälen und fein hacken. Das Öl in einem großen Topf bei mittlerer Temperatur erhitzen. Zwiebel und Knoblauch darin unter gelegentlichem Rühren etwa 3 Minuten anschwitzen, bis die Zwiebelwürfel glasig sind. Den Sellerie hinzufügen und 2 Minuten mitgaren, dann Paprika und Zucchini dazugeben und alles weitere 3 Minuten garen, dabei häufig umrühren.

3 Brühe, Weizenkörner, Bohnen, Tomaten und Kräutermischung hinzufügen und alles gut verrühren. Das Ganze zugedeckt bei schwacher Hitze 45 Minuten köcheln lassen, bis Gemüse und Weizenkörner weich sind. Den Bohneneintopf mit Salz und Pfeffer abschmecken. Vom Herd nehmen, mit Basilikum garnieren und heiß servieren.

Das Gute daran

Eine Portion von diesem Eintopf versorgt Sie dank der vielfältig einsetzbaren Bohnenkerne mit dem Tagesbedarf an Ballaststoffen.

WURZELGEMÜSE-EINTOPF
mit gekeimter Gerste und Hirse

Für 4 Personen
Zubereitungszeit: 10 Minuten
Garzeit: 1 Stunde 10 Minuten

300 g junge weiße Rüben
300 g Möhren
300 g Pastinaken
1 Zwiebel
2 Stangen Staudensellerie
4 EL Olivenöl
100 g Gerstensprossen
200 g Sorghum-Hirse
2 l Gemüsebrühe
1 TL gehackter Thymian
Salz
frisch gemahlener
  schwarzer Pfeffer
1 EL fein gehackte Petersilie

1 Rüben, Möhren und Pastinaken waschen, schälen und in Würfel schneiden. Die Zwiebel schälen und fein hacken. Staudensellerie waschen, bei Bedarf schälen und in kleine Stücke schneiden.

2 In einem Schmortopf oder einem großen Topf mit schwerem Boden das Öl bei mittlerer Temperatur erhitzen. Rüben, Möhren und Pastinaken darin 5 Minuten braten, bis sie Farbe annehmen, dabei gelegentlich wenden. Aus dem Topf nehmen und beiseitestellen.

3 Zwiebel und Sellerie in den Topf geben. Bei mittlerer Hitze 3 Minuten anschwitzen, aber nicht braun werden lassen. Gerste und Hirse hinzufügen und etwa 2 Minuten mitgaren, bis die Körner zu bräunen beginnen.

4 Brühe und Thymian dazugeben und alles kräftig mit Salz und Pfeffer würzen. Zum Kochen bringen, dann bei schwacher Hitze zugedeckt 40 Minuten köcheln lassen. Danach ist das Getreide halb gar.

5 Den Deckel abnehmen und die Temperatur erhöhen. Das gebratene Wurzelgemüse und die Petersilie in den Topf geben. Alles erneut aufkochen, dann bei schwacher Hitze offen noch 20 Minuten köcheln lassen, bis das Gemüse weich und die Brühe eingekocht ist. Den Eintopf abschmecken und sofort servieren.

Das Gute daran

Gerste wird nicht nur wegen ihres deftigen Geschmacks geschätzt, sondern auch wegen ihres Gehalts an Mikronährstoffen. Beim Keimen von Getreide werden Enzyme aktiviert, der Anteil an Aminosäuren steigt und der Vitamingehalt vervielfacht sich. Außerdem sind die gekeimten Körner leichter verdaulich.

WACHTELBOHNEN-ERDNUSS-TOPF
mit Süßkartoffeln

Für 6 Personen
Zubereitungszeit: 25 Minuten
Garzeit: 30 Minuten

1 kleine Zwiebel
1 Knoblauchzehe
1 EL Kokosöl
1 große Süßkartoffel
1 TL Ancho-Chilipulver
½ TL Cayennepfeffer
400 g gehackte Tomaten
  (aus der Dose)
600 ml Gemüsebrühe
  (z. B. Spinat, Grünkohl)
125 g Erdnusscreme
450 g gegarte Wachtelbohnen
45 g gehacktes Blattgemüse
Salz
frisch gemahlener
  schwarzer Pfeffer
3 Stängel Koriander zum Garnieren

1 Zwiebel und Knoblauch schälen und fein hacken. Das Öl in einem Topf bei schwacher bis mittlerer Temperatur erhitzen. Die Zwiebelwürfel darin 2–3 Minuten anschwitzen, bis sie weich sind. Den Knoblauch dazugeben und 1 Minute mitgaren.

2 Die Süßkartoffel schälen und in 3 cm große Würfel schneiden. Chilipulver und Cayennepfeffer hinzufügen und unterrühren. Tomaten und Brühe dazugeben. Das Ganze aufkochen und bei schwacher Hitze offen 5 Minuten köcheln lassen.

3 Die Erdnusscreme unterrühren. Den Eintopf erneut zum Kochen bringen und anschließend bei schwacher Hitze zugedeckt 10 Minuten köcheln lassen.

4 Bohnen und Blattgemüse unterheben. Den Eintopf noch einmal zum Kochen bringen, dann zugedeckt etwa 15 Minuten köcheln lassen, bis das Gemüse weich ist. Mit Salz und Pfeffer abschmecken. Koriander waschen, trocken schütteln, hacken und vor dem Servieren aufstreuen.

Das Gute daran

Dosentomaten sind reich an Carotinoiden und sollten immer im Vorrat sein. Dieses Gericht enthält reichlich dunkelgrünes Blattgemüse, das viele Mineralstoffe, insbesondere Eisen, liefert.

BURGER,
SANDWICHES,
WRAPS

CRÊPES
herzhaft gefüllt

Für 4 Personen
Zubereitungszeit: 40 Minuten

Für den Teig
250 g Dinkelmehl (Type 630)
2 TL Backpulver
400 ml Mandeldrink (ungesüßt)
8 EL Mineralwasser mit Kohlensäure
Rapsöl zum Braten

Für die Füllung
200 g Tofu
2 EL Olivenöl
1 Zwiebel, fein gewürfelt
1 Knoblauchzehe, fein gehackt
1 Möhre, gewürfelt
80 g Knollensellerie, gewürfelt
1 Zucchini, gewürfelt
1 gelbe Paprikaschote, gewürfelt
2 EL Tomatenmark
1 TL Rohrohrzucker
50 ml roter Traubensaft (vegan)
Saft von ½ Orange
400 g stückige Tomaten
   (aus der Dose)
Salz
frisch gemahlener
   schwarzer Pfeffer
1 TL getrockneter Oregano
1 TL getrocknetes Basilikum
½ Eisbergsalat

1 Das Dinkelmehl in eine große Rührschüssel sieben. Mit dem Backpulver mischen. Nach und nach den Mandeldrink dazugeben und mit dem Handrührgerät zu einem glatten Teig verrühren. Den Teig für etwa 30 Minuten ruhen lassen.

2 Inzwischen den Tofu in 1 cm große Würfel schneiden. Das Öl in einem Topf erhitzen, die Zwiebel- und Knoblauchwürfel darin glasig andünsten. Möhren-, Sellerie-, Zucchini- und Paprikawürfel dazugeben und mitdünsten. Das Tomatenmark einrühren und kurz anrösten, den Zucker einstreuen und alles leicht karamellisieren lassen. Mit Trauben- und Orangensaft ablöschen. Die Tomaten dazugeben. Alles 5 Minuten bei schwacher Hitze köcheln lassen. Mit Salz, Pfeffer, Oregano und Basilikum abschmecken. Eisbergsalat waschen und in kleine Stücke zupfen.

3 Das Mineralwasser unter den Teig rühren (die Kohlensäure macht den Teig schön locker). Aus dem Teig in einer beschichteten Pfanne nach und nach acht dünne Pfannkuchen backen. Dazu das Rapsöl in der Pfanne erhitzen. 1 kleine Schöpfkelle Teig in die Pfanne geben, durch Schwenken gleichmäßig darin verteilen und die Unterseite 1–2 Minuten goldgelb backen. Den Crêpe vorsichtig wenden und auf der zweiten Seite 1–2 Minuten goldgelb fertig backen. Fertige Crêpes warm halten.

4 Die Crêpes mit der Tomatensauce füllen und Eisbergsalat aufstreuen. Die Crêpes zuklappen und servieren.

BUNTE SÜSSKARTOFFELPUFFER
mit zweierlei Saucen

Für 4 Personen
Zubereitungszeit: 45 Minuten

Für die Puffer
800 g Süßkartoffeln
1 mittelgroße violette Möhre
½ Bund Petersilie, gehackt
5 EL Vollkorn-Haferflocken
5 EL Kichererbsenmehl
2 TL Meersalz
½ TL gemahlener schwarzer Pfeffer
1 Prise frisch geriebene Muskatnuss
1 Prise Zucker
Öl zum Braten
2 EL Pinienkerne
2 EL Schnittlauchröllchen

Für die Paprikasaucen
3 EL Olivenöl
1 rote Paprikaschote, geputzt und
    gewürfelt
1 grüne Paprikaschote, geputzt und
    gewürfelt
1 Zwiebel, fein gewürfelt
500 g Dinkelsahne
2 EL Speisestärke
1 TL Meersalz
¼ TL gemahlener
    schwarzer Pfeffer

1 Süßkartoffeln und Möhre schälen und auf der Küchenreibe grob raspeln. Die Petersilie zu den Gemüseraspeln geben. Die Masse in einem sauberen Geschirrhandtuch auspressen. Mit Haferflocken, Mehl, Salz, Pfeffer, Muskat und Zucker vermengen, mit einem Tuch abdecken und 15 Minuten stehen lassen.

2 Inzwischen für die Saucen je 1 ½ EL Öl in zwei kleinen Töpfen erhitzen. In einem Topf die rote Paprika, im zweiten Topf die grüne Paprika andünsten. Jeweils die Hälfte der Zwiebelwürfel dazugeben und ebenfalls mit andünsten.

3 Von der Dinkelsahne 6 EL abnehmen und die Speisestärke damit glatt rühren. Die restliche Dinkelsahne gleichmäßig auf die Paprikatöpfe verteilen. Sobald die Masse kocht, die Temperatur reduzieren und alles 5–6 Minuten weiterköcheln lassen. Dann beide Paprikasaucen mit einem Stabmixer fein pürieren. Die Töpfe von der Herdplatte nehmen und beide Saucen mit der angerührten Stärke andicken. Noch einmal unter ständigem Rühren aufkochen lassen.

4 Den Backofen auf 100 °C (Umluft) vorheizen. Das Bratöl in einer beschichteten Pfanne erhitzen. Pro Kartoffelpuffer 1–2 EL Teig in die Pfanne geben und mit dem Löffel flach drücken. Die Puffer bei mittlerer Hitze von beiden Seiten goldbraun braten. Fertige Puffer im Ofen warm halten.

5 In einer Pfanne ohne Fett die Pinienkerne anrösten, dabei die Pfanne schwenken. Drei Puffer mittig auf einen Teller legen und mit den beiden Paprikasaucen anrichten, Pinienkerne und Schnittlauch aufstreuen.

KARTOFFELPUFFER-PIZZA
mit Cashewmozzarella, Tomaten und Basilikum

Für 4 Personen
Zubereitungszeit: 35 Minuten,
plus 2 Stunden Ruhezeit

Für den Cashewmozzarella
2 EL Flohsamenschalen
200 g Sojadrink (ungesüßt)
100 g Cashewkerne
Saft von ½ Zitrone
2 TL Hefeflocken
½ TL Salz
¼ TL frisch gemahlener
   weißer Pfeffer

Für die Kartoffelpuffer
1 kg mehligkochende Kartoffeln
½ Bund Petersilie, fein gehackt
2 EL Vollkornhaferflocken
40 g Kichererbsenmehl
1 TL Salz
¼ TL frisch gemahlener
   schwarzer Pfeffer
1 Prise frisch geriebene Muskatnuss
Öl zum Braten

Für den Belag
400 g bunte Kirschtomaten
1 Handvoll Basilikumblätter
2 EL Olivenöl
1 EL Aceto balsamico

1 Flohsamenschalen und Sojadrink gründlich vermischen. 2 Stunden stehen lassen, bis sich eine puddingartige Masse gebildet hat. Die Cashewkerne in kaltem Wasser einweichen und in ein Sieb abgießen.

2 Die gequollene Flohsamenmasse, Cashewkerne, Zitronensaft und Hefeflocken in einem Mixer pürieren. Mit Salz und weißem Pfeffer würzen. In eine kleine, runde Dessertschale füllen und in den Kühlschrank stellen.

3 Die Kartoffeln waschen, schälen und grob raspeln. Die Kartoffelmasse mit Petersilie, Haferflocken, Kichererbsenmehl, Salz, Pfeffer und Muskat vermengen.

4 Den Backofen auf 180 °C (Umluft) vorheizen. Das Öl in einer beschichteten Pfanne erhitzen. Pro Kartoffelpuffer 1–2 EL Teig in die Pfanne geben und mit dem Löffel flach drücken. Die Puffer bei mittlerer Hitze von beiden Seiten goldbraun braten. Fertige Puffer nebeneinander auf ein mit Backpapier belegtes Backblech legen.

5 Die Kirschtomaten waschen und halbieren. Den Cashewmozzarella in kleine Stücke schneiden. Die Puffer mit den Kirschtomaten und dem Cashewmozzarella belegen. Im Ofen auf der mittleren Schiene 10–12 Minuten überbacken. Basilikum über die Puffer-Pizzen geben, etwas Olivenöl und Balsamico darüberträufeln und servieren.

PROFI-TIPP

Cashewmozzarella ist vielseitig einsetzbar und schmeckt super im Salat oder pur auf frischem Brot. Für die typische runde Form die Masse einfach in eine runde Dessertschale geben und kalt stellen.

BLACK-BEAN-MONSTER-BURGER
mit Süßkartoffelpommes

Für 4 Personen
Zubereitungszeit: 30 Minuten,
plus Ruhezeit
Garzeit: 45 Minuten

Für die Süßkartoffelpommes

1 kg Süßkartoffeln
3 EL Speisestärke
3 EL Öl
Salz und Pfeffer
1 TL edelsüßes Paprikapulver

Für Burger und Topping

480 g schwarze Bohnen
  (aus der Dose)
150 g Semmelbrösel
3 EL Kichererbsenmehl
2 EL Vollkornhaferflocken
1 TL mittelscharfer Senf
½ Bund Petersilie, fein gehackt
Salz und Pfeffer
1 TL edelsüßes Paprikapulver
2 TL Hefeflocken
25 g Pinienkerne
1 rote Zwiebel, gewürfelt
40 ml Öl
8 kleine Burgerbrötchen
150 g Babyspinat
2 Tomaten
Mayonnaise (s. S. 29), Ketchup,
  Essiggurken, Röstzwiebeln

1 Die Süßkartoffeln in Stifte schneiden, in eine Schüssel mit Wasser geben und etwa 1 Stunde ruhen lassen.

2 Inzwischen die Bohnen in ein Sieb abgießen, abtropfen und in eine Schüssel füllen. Mit einer Gabel gut zerdrücken. Mit Semmelbröseln, Kichererbsenmehl, Haferflocken, Senf, Petersilie, Salz, Pfeffer, Paprikapulver und den Hefeflocken zu einem Teig verarbeiten.

3 Die Pinienkerne in einer Pfanne ohne Fett anrösten, fein hacken und mit den Zwiebelwürfeln unter den Teig kneten. Die Hände leicht anfeuchten und aus der Masse vier gleichmäßige Patties formen. Die Patties beiseitestellen. Den Backofen auf 250 °C (Umluft) vorheizen.

4 Die Süßkartoffelstifte in ein Sieb abgießen, mit Küchenpapier trocken tupfen und in eine Schüssel füllen. Mit den restlichen Zutaten mischen. Die Süßkartoffelpommes nebeneinander mit etwas Abstand auf ein mit Backpapier ausgelegtes Backblech legen und im Ofen auf der mittleren Schiene 40–45 Minuten goldbraun backen.

5 Das Öl in einer Pfanne erhitzen. Die Patties von jeder Seite scharf anbraten, die Hitze reduzieren und die Patties von jeder Seite 4 weitere Minuten braten. Anschließend auf Küchenpapier entfetten und warm stellen. Die Burgerbrötchen aufbacken. Den Spinat und die Tomaten waschen, die Tomaten in Scheiben schneiden.

6 Die Burgerbrötchen längs durchschneiden und mit Mayonnaise und Ketchup bestreichen. Vier Brötchenhälften mit den Patties, Spinat, Tomatenscheiben, Essiggurkenscheiben und Röstzwiebeln belegen, übrige Brötchenhälften als Deckel auflegen. Die fertigen Burger zusammen mit den Süßkartoffelpommes servieren.

LINSEN-PILZ-BURGER
mit Salat, Tomate und Zwiebeln

Für 4 Personen
Zubereitungszeit: 15 Minuten,
plus Kühlzeit
Garzeit: 40–45 Minuten

100 g Puy-Linsen
3 EL Olivenöl, plus mehr zum Braten
1 Zwiebel, fein gewürfelt
500 g Riesenchampignons, geputzt
   und grob zerkleinert
2 Knoblauchzehen, zerdrückt
1 TL Thymianblätter, gehackt
1 EL Petersilie, fein gehackt
1 EL Aceto balsamico
60 g frische Weißbrotbrösel
1 EL Nährhefe
Salz
frisch gemahlener
   schwarzer Pfeffer
Salatblätter, Tomatenscheiben,
   rote Zwiebelringe und Vollkorn-
   Hamburgerbrötchen zum Servieren

1 Die Linsen in einen Topf mit kaltem Wasser geben. Aufkochen und bei schwacher Hitze etwa 15 Minuten köcheln lassen, bis sie weich sind, dabei immer wieder abschäumen. In ein Sieb schütten und abspülen. Abkühlen lassen.

2 In einer großen beschichteten Pfanne 1 EL Öl heiß werden lassen. Die Zwiebelwürfel darin 5 Minuten anschwitzen, bis sie glasig, aber nicht braun sind. Die Pilze mit dem restlichen Öl dazugeben. 15–20 Minuten garen, bis sie zusammenfallen und keine Flüssigkeit mehr in der Pfanne ist. Knoblauch, Thymian und Petersilie hinzufügen. Sobald nach etwa 1 Minute Knoblauchduft aufsteigt, den Essig dazugeben und die Pfanne vom Herd nehmen.

3 Pilzmischung und abgekühlte Linsen mit Bröseln und Hefe in den Mixer geben und mit Salz und Pfeffer würzen. In Intervallen vorsichtig zerkleinern, bis alles gerade eben gemischt, aber noch etwas stückig ist.

4 Die Mischung 5 Minuten abkühlen lassen. Vier gleich große Patties formen. Zugedeckt 30 Minuten kalt stellen, damit sie fester werden.

5 Die Pfanne mit Küchenpapier auswischen. Etwas Öl in der Pfanne erhitzen. Die Patties darin bei mittlerer Hitze auf jeder Seite 3–4 Minuten braten. Mit Salatblättern, Tomatenscheiben und Zwiebelringen in den Brötchen anrichten. Servieren.

Das Gute daran

Die eiweißreichen Puy-Linsen enthalten auch eine Menge Ballaststoffe, die den Blutzucker stabilisieren und für ein lang anhaltendes Sättigungsgefühl sorgen. Zwiebeln liefern erstaunlich viel Vitamin C und probiotische Ballaststoffe.

ZUCCHINI-WRAPS
mit sonnengetrockneten Tomaten

Für 2 Personen
Zubereitungszeit: 15 Minuten

2 Zucchini
2 EL Olivenöl
8 sonnengetrocknete Tomaten in Öl
2 große vegane Weizentortillas
6 EL Hummus
1 Handvoll Rucola
1 Spritzer Zitronensaft
frisch gemahlener
  schwarzer Pfeffer

1 Die Zucchini waschen, abtrocknen und in 5 mm dicke Scheiben schneiden. Eine Grillpfanne erhitzen. Die Zucchinischeiben von beiden Seiten mit Öl bestreichen. Auf jeder Seite 2–3 Minuten grillen, bis sie weich sind und dunkle Streifen haben. Beiseitestellen.

2 Die Tomaten in ein Sieb abgießen, abtropfen lassen, dabei das Öl auffangen. Tomaten fein hacken. Die Tortillas auf ein Schneidebrett legen und mit dem Hummus bestreichen. Darauf die Zucchinischeiben legen und die sonnengetrockneten Tomaten darüberstreuen.

3 Den Rucola waschen, trocken schütteln, grobe Stiele entfernen. Rucola auf den Tortillas verteilen. Mit etwas Tomatenöl und Zitronensaft beträufeln und alles kräftig mit Pfeffer würzen. Die Seiten der Tortillas über die Füllung klappen. Die Wraps aufrollen und mit einem scharfen Messer quer halbieren.

Das Gute daran

Zucchini bieten beachtliche Mengen an Antioxidanzien und Vitamin C. Außerdem haben sie entzündungshemmende Eigenschaften. Eiweißreiches Hummus aus Kichererbsen ist bei einer veganen Ernährungsweise ein idealer Aufstrich oder Dip.

QUESADILLAS
mit Wachtelbohnen und Süßkartoffel

Für 4 Personen
Zubereitungszeit: 20 Minuten
Garzeit: 40 Minuten

1 Jalapeño-Chilischote
1 kleine Süßkartoffel
2 EL Öl
3 Frühlingszwiebeln
3 Stängel Koriander
4 große vegane Weizentortillas
200 g veganer Käse auf Cheddar-Art,
   gerieben
200 g gegarte Wachtel- oder
   Borlottibohnen

1 Die Chilischote waschen, längs halbieren, entkernen und fein würfeln. Die Süßkartoffel schälen und mit dem Spiralschneider in mittelstarke »Spaghetti« schneiden. Das Öl in einer Pfanne erhitzen, die Chiliwürfel darin 3 Minuten anschwitzen, bis sie weich, aber noch nicht gebräunt sind. Die Süßkartoffelspaghetti hinzufügen. 7 Minuten mitgaren, bis sie gerade eben bissfest sind.

2 Die Frühlingszwiebeln putzen, waschen und in feine Ringe schneiden. Koriander waschen, trocken schütteln und fein hacken. 1 Tortilla auf eine saubere Arbeitsfläche legen. Die untere Hälfte mit etwa 1 EL veganem Käse bestreuen. Darauf ein Viertel der Bohnen und ein Viertel der Süßkartoffelspaghetti geben. Mit je einem Viertel der Frühlingszwiebeln und des Korianders bestreuen. Mit 1 weiteren EL veganem Käse bestreuen und die Tortilla zur Hälfte zusammenklappen. Auf diese Weise insgesamt vier Quesadillas herstellen.

3 Eine beschichtete Pfanne bei mittlerer Temperatur erhitzen. Eine Quesadilla hineingeben und 4 Minuten braten. Vorsichtig wenden, dann zugedeckt weitere 4 Minuten braten, bis die Tortilla goldbraun und der Käse geschmolzen ist. Mit den restlichen drei Quesadillas ebenso verfahren.

4 Jede Quesadilla in vier Stücke schneiden und sofort servieren.

Das Gute daran

Süßkartoffeln liefern reichlich Vitamin C, Kalium und Kalzium und enthalten außerdem eine Menge Betacarotin. Dieses Carotinoid wirkt sich positiv auf unsere Hirnleistungen aus.

TOFUFILET MIT KRÄUTERKRUSTE
auf Kartoffelpüree mit Dilljoghurt-Sauce

Für 4 Personen
Zubereitungszeit: 1 Stunde,
   plus Tiefkühlzeit

Für Tofu und Sauce
400 g Tofu (natur)
2 Noriblätter
250 ml Gemüsebrühe
2 TL Backfischgewürz
1 Schalotte
1 Knoblauchzehe
100 g Margarine
70 g Semmelbrösel
Saft von ½ Zitrone
Salz und weißer Pfeffer
1 TL getrockneter Estragon
1 TL getrockneter Thymian
400 g Sojajoghurt (ungesüßt)
1 Apfel
½ Bund Dill
½ TL mittelscharfer Senf
1 TL Agavendicksaft

Für das Kartoffelpüree
750 g Kartoffeln, gewürfelt
1 kleine Süßkartoffel, gewürfelt
1 mittelgroße Pastinake, gewürfelt
30 g Margarine
100 g Hafersahne
Salz und weißer Pfeffer
frisch geriebene Muskatnuss

1 Den Tofu vierteln, sodass vier gleich große Stücke entstehen. Die Noriblätter klein zupfen, die Gemüsebrühe in einen Topf geben, Noriblätter und Tofu dazugeben und kurz aufkochen. Tofu herausnehmen, mit dem Backfischgewürz einreiben und mitsamt dem Kochsud in einen Gefrierbehälter füllen. Über Nacht einfrieren.

2 Am nächsten Tag Salzwasser in einem großen Topf aufkochen. Kartoffel-, Süßkartoffel- und Pastinakenstücke darin gar kochen.

3 Den Backofen auf 180 °C (Umluft) vorheizen. Tofu aus dem Tiefkühlfach nehmen. Die Schalotte und den Knoblauch schälen und in feine Würfel schneiden, die Margarine in einem Topf zerlassen und Zwiebel- und Knoblauchstücke darin glasig andünsten. Die Semmelbrösel dazugeben und zu einer homogenen Masse verrühren, den Zitronensaft, Salz, Pfeffer, Estragon und Thymian dazugeben und würzig abschmecken.

4 Eine Backform einfetten, den Tofu hineingeben und die Masse gleichmäßig auf den angetauten Tofustücken verteilen. Im Ofen auf der mittleren Schiene 30–35 Minuten backen.

5 Inzwischen den Sojajoghurt in eine Schüssel geben, den Apfel waschen, entkernen, in kleine Stücke schneiden und unter den Joghurt rühren. Dill waschen, trocken schütteln, die Blättchen abzupfen, fein hacken und unter den Joghurt ziehen. Mit Senf, Salz, Pfeffer und Agavendicksaft würzen.

6 Das Gemüse abgießen, zerstampfen, Margarine und Hafersahne unterrühren und mit Salz, Pfeffer und Muskatnuss würzen. Kartoffelpüree mit den Tofufilets und der Dill-Joghurt-Sauce servieren.

SANDWICH
mit Vanillemöhren-Keese

Für 4 Personen
Zubereitungszeit: 30 Minuten,
plus Kühl- und Einweichzeit

Für den Keese
50 g Macadamianüsse
1 TL Salz
½ TL frisch gemahlener
   schwarzer Pfeffer
1 TL Currypulver (Masala)
1 TL Hefeflocken
2 mittelgroße Möhren
50 g Walnusskerne
½ Bund Petersilie
1 Prise gemahlene Vanille

Für Sandwich und Belag
8 Blätter grüner Kopfsalat
2 Tomaten
1 keine Salatgurke
50 g Margarine
8 Scheiben Vollkorn-Sandwichtoast

Für die Garnitur
50 g grüne Weintrauben
50 g blaue Weintrauben
16 Zahnstocher

1 Die Macadamianüsse über Nacht in kaltem Wasser einweichen, in ein Sieb abgießen, das Einweichwasser wegschütten. Die Macadamianüsse mit 120 ml Wasser auffüllen und mit einem Stabmixer zu einer homogenen Masse pürieren. Mit Salz, Pfeffer, Currypulver und den Hefeflocken würzen.

2 Die Möhren waschen, schälen und grob raspeln. Die Walnüsse fein hacken. Die Petersilie waschen, trocken schütteln, die Blätter abzupfen und fein hacken. Walnüsse, Petersilie und gemahlene Vanille zu den geraspelten Möhren geben. Die Keesecreme unterheben und für 1 Stunde abgedeckt in den Kühlschrank stellen.

3 Inzwischen Salat, Tomaten und Gurke waschen, die Salatblätter gründlich trocken tupfen, Tomaten und Gurke in Scheiben schneiden. In einer Pfanne die Margarine erhitzen und das Toastbrot darin von beiden Seiten goldbraun anbraten, herausnehmen.

4 Die Keesemöhren auf 4 Toastscheiben verteilen, darüber Salatblätter, Tomaten- und Gurkenscheiben schichten. Übrige Toastscheiben als Deckel auflegen. Die Sandwiches diagonal durchschneiden und auf Tellern anrichten. Die Weintrauben waschen. Abwechselnd grüne und blaue Trauben auf die Zahnstocher geben und diese in die Sandwichhälften stecken.

HOTDOG
mit Möhren

Für 4 Personen
Zubereitungszeit: 30 Minuten,
plus Marinierzeit

Für die Möhren
8 mittelgroße Möhren
3 EL Öl zum Braten
150 ml Gemüsebrühe
3 EL Sojasauce
1 EL Olivenöl
1 TL Apfelessig
Salz und weißer Pfeffer
½ TL edelsüßes Paprikapulver
½ TL Majoran
1 Prise gemahlene Vanille

Für das Dressing
4 EL Mayonnaise (s. S. 29)
1 EL Tomatenketchup
1 EL Gurkenrelish
½ TL mittelscharfer Senf
1 TL Agavendicksaft
Salz und weißer Pfeffer
1 TL edelsüßes Paprikapulver

Für Hotdog und Topping
8 Hotdog-Brötchen
2 EL Essiggurkenscheiben
2 EL Gemüsechips
2 EL Röstzwiebeln

1 Die Möhren waschen und schälen. Das Öl in einer Pfanne erhitzen und die Möhren darin von allen Seiten scharf anbraten. Mit der Gemüsebrühe ablöschen, die Hitze reduzieren und die Möhren bei geschlossenem Deckel garen, bis sie bissfest sind.

2 In einer Schüssel Sojasauce, Olivenöl, Apfelessig, Salz, Pfeffer, Paprikapulver, Majoran und Vanille verrühren. Die gegarten Möhren aus der Brühe heben, die Marinade über den Möhren verteilen, bis sie komplett mit der Marinade bedeckt sind. Über Nacht zum Marinieren abgedeckt in den Kühlschrank stellen.

3 Die Möhren kurz erwärmen. Inzwischen Mayonnaise, Ketchup, Gurkenrelish, Senf und Agavendicksaft in einer kleinen Schüssel glatt rühren und mit Salz, Pfeffer und Paprikapulver pikant würzen. Die Hotdog-Brötchen nach Packungsangabe aufbacken und längs einschneiden. Die Möhre mittig hineingeben, darauf das Dressing verteilen und mit Essiggurkenscheiben, Gemüsechips und Röstzwiebeln garnieren.

PROFI-TIPP

Wer fertige Röstzwiebeln nicht mag, kann sie sich ganz einfach selbst machen. Ich verwende rote Zwiebeln, die weniger scharf sind:

1 kg rote Zwiebeln, 100 g Mehl, 2 EL Kräuterpfeffer, Öl zum Ausbacken

Die Zwiebeln schälen und in Ringe schneiden. Das Mehl und den Kräuterpfeffer in einen Gefrierbeutel geben, die Zwiebelringe dazugeben und alles gut vermischen. In einer beschichteten Pfanne das Öl erhitzen und die Zwiebelringe darin goldbraun braten.

VISH 'N' CHIPS

Für 4 Personen
Zubereitungszeit: 45 Minuten,
plus Marinierzeit

Für den Back-Vish
8 Bananenblüten
2 TL Sonnenblumenöl
4 TL Bratfischgewürz
3 TL Noriflocken
200 g Sojadrink (ungesüßt)
150 g Mehl, plus 100 g Mehl
  zum Mehlieren
1 TL Backpulver
Salz und weißer Pfeffer
1 TL Agavendicksaft
Öl zum Ausbacken
Zitronenspalten zum Anrichten

Für die Pommes
1 kg festkochende Kartoffeln
1 TL Salz
1 TL edelsüßes Paprikapulver
3 EL Sonnenblumenöl

Für das Dressing
4 EL Mayonnaise (s. S. 29)
1 EL Gurkenrelish
Ketchup

1 Die Bananenblüten in Wasser aufkochen und 10 Minuten schwach köcheln lassen. Das Sonnenblumenöl in eine Schüssel geben und mit dem Bratfischgewürz und 2 TL Noriflocken verrühren. Die Bananenblüten in ein Sieb abgießen, kurz abkühlen lassen, dann auspressen, vierteln und über Nacht im Dressing marinieren lassen.

2 Die Kartoffeln waschen, schälen und in dünne, gleichmäßige Streifen schneiden, danach die Kartoffelstifte in einer Schüssel mit Wasser waschen, sodass die austretende Stärke abgespült wird. Anschließend mit einem Küchentuch gründlich trocken tupfen.

3 Den Backofen auf 200 °C (Umluft) vorheizen. In einer großen Schüssel Salz, Paprikapulver und Öl vermischen, die Kartoffelstifte dazugeben und mit den Händen gründlich vermengen. Die Pommes nebeneinander auf ein Backblech legen und im Ofen auf der mittleren Schiene 30 Minuten knusprig backen. Die Pommes nach 15 Minuten wenden.

4 In einem tiefen Teller Sojadrink, Mehl und Backpulver zu einer homogenen Masse verrühren und mit Salz, Pfeffer, Agavendicksaft und 1 TL Noriflocken würzen. In einen zweiten Teller das restliche Mehl geben.

5 Die Mayonnaise mit dem Gurkenrelish verrühren und in eine kleine Schüssel geben.

6 Das Öl 1 cm hoch in eine beschichtete Pfanne füllen und erhitzen. Die Bananenblüten aus der Marinade nehmen und gut ausdrücken. Die einzelnen Stücke erst im Mehl wenden und anschließend in den Backteig tunken, bis sie überall damit bedeckt sind. Von allen Seiten knusprig frittieren und sofort mit den Pommes und den Dressings servieren, dazu passt wunderbar ein bunter Salat.

NUDELN, NUDELN, NUDELN

FARFALLE
mit Spinat, Avocado und Tomaten

Für 4 Personen
Zubereitungszeit: 10 Minuten
Garzeit: 10 Minuten

400 g Farfalle (ohne Ei)

4 Frühlingszwiebeln

1 Knoblauchzehe

2 EL Olivenöl

1 TL Chiliflocken

350 g Babyspinat

150 ml Gemüsebrühe

4 getrocknete Tomaten, gehackt

175 g Mini-Eiertomaten, halbiert

30 g schwarze Oliven, entsteint und
  in Scheiben geschnitten

1 ½ EL Kapern

Fruchtfleisch von 2 Avocados,
  gewürfelt

1 Spritzer Zitronensaft

Salz

frisch gemahlener
  schwarzer Pfeffer

3 EL Kürbiskerne

Basilikumblätter zum Garnieren

Zitronenspalten zum Servieren

1 Die Pasta nach Packungsangabe al dente kochen. In ein Sieb abgießen und abtropfen lassen. Die Frühlingszwiebeln waschen, putzen und in kurze Stücke schneiden. Knoblauch schälen und fein hacken. Das Öl in einer Pfanne mit hohem Rand oder im Wok erhitzen. Frühlingszwiebeln und Knoblauch darin unter behutsamem Rühren 1 Minute anschwitzen. Die Chiliflocken unterrühren.

2 Spinat waschen und trocken schütteln, grobe Stiele entfernen. Spinat und Brühe in den Wok geben. Etwa 2 Minuten köcheln lassen, dabei den Spinat vorsichtig wenden, bis er zusammenfällt. Die Pasta und die restlichen Zutaten bis auf Basilikum und Zitronenspalten behutsam unterheben. Noch 3 Minuten köcheln lassen, bis keine Flüssigkeit mehr vorhanden ist.

3 Das Gericht auf vorgewärmte Schalen verteilen. Mit zerzupften Basilikumblättern garnieren und mit den Zitronenspalten servieren.

Das Gute daran

Spinat hat herausragende gesundheitsfördernde Eigenschaften. Er ist reich an Carotinoiden und Vitamin K. Und dank seines hohen Gehalts an Thylakoiden kann er helfen, den Appetit zu verringern.

ROHE GURKENSPAGHETTI
mit herzhafter Tomatensauce

Für 4 Personen
Zubereitungszeit: 15 Minuten

Für die Spaghetti
4 Salatgurken

Für die Sauce
4 Fleischtomaten
2 TL Tomatenmark
3 getrocknete Datteln (ohne Stein)
1 Spritzer Zitronensaft
2 TL Agavendicksaft
1 TL Meersalz
½ TL frisch gemahlener
  schwarzer Pfeffer
¼ TL süßes geräuchertes
  Paprikapulver
½ TL getrockneter Oregano
½ TL getrocknetes Basilikum
60 g geschälte, schwarze Hanfsamen

Für die Garnitur
einige Blätter Basilikum

1 Die Gurken waschen, schälen und mit einem Spiralschneider zu Gurkenspaghetti drehen. Das funktioniert auch mit einem Sparschäler, dauert aber etwas länger: Die Gurke erst in Streifen schneiden und dann längs in feine Spaghetti.

2 Die Tomaten waschen und in grobe Stücke schneiden. Für die Garnitur aus einem Stück Tomate feine Würfel schneiden. Die restlichen Tomaten mit den übrigen Saucenzutaten bis auf die Hanfsamen in einem hohen Gefäß mit einem Stabmixer pürieren, bis eine gleichmäßige Sauce entsteht. Die Hanfsamen dazugeben und kurz mitpürieren. Die Gurkenspaghetti auf tiefe Teller verteilen, die Tomatensauce darübergeben und mit den Tomatenwürfeln und dem Basilikum dekorieren.

PROFI-TIPP

Zu diesem Gericht passt wunderbar eine Nusswürzung als Topping.

Zutaten für etwa 100 g:
70 g Cashewkerne oder andere Nüsse, z.B. Macadamianüsse,
20 g Semmelbrösel, 2–3 EL Hefeflocken, 1 TL Salz, 1 TL getrocknete italienische Kräuter

Alles in einen Standmixer geben und mixen. Die Nusswürzung ist in einer Frischhaltebox etwa 2 Wochen im Kühlschrank haltbar und passt zu allen Nudelgerichten oder als Topping für Salate.

LANGE MAKKARONI
mit Vürstchen in Tomatensauce

Für 4 Personen
Zubereitungszeit: 25 Minuten

Salz
400 g Tofu-Vürstchen (groß)
500 g lange Makkaroni
100 g Schalotten
1 Knoblauchzehe
2 EL Olivenöl
2 TL Tomatenmark
½ TL Rohrohrzucker
100 ml roter Traubensaft (vegan)
Saft von ½ Zitrone
500 g stückige Tomaten
  (aus der Dose)
1 TL Salz
¼ TL frisch gemahlener
  schwarzer Pfeffer
1 TL getrocknete italienische Kräuter

1 In einem großen Topf 3 l Salzwasser zum Kochen bringen. Die Vürstchen in Scheiben schneiden. Auf jede Scheibe 3–4 Makkaroni stecken, ins kochende Wasser geben und nach Packungsangabe al dente kochen.

2 Schalotten und Knoblauch schälen und in Würfel schneiden. Das Olivenöl in einem Topf erhitzen und die Schalotten- und Knoblauchwürfel darin glasig andünsten. Das Tomatenmark einrühren und ebenfalls kurz anrösten, den Zucker dazugeben und alles leicht karamellisieren lassen. Mit dem Traubensaft und dem Zitronensaft ablöschen. Die Tomaten hinzufügen und langsam einkochen lassen, bis die Flüssigkeit verdampft ist und die Sauce eindickt. Mit Salz, Pfeffer und den italienischen Kräutern würzen.

3 Die Makkaroni mit den Vürstchen und der Tomatensauce auf tiefe Teller verteilen und servieren.

SESAMNUDELN
mit Erdnusscreme und Tahin

Für 4 Personen
Zubereitungszeit: 20 Minuten

2 TL Meersalz
450 g Linguine (ohne Ei)
4 EL Tahin (Sesammus)
4 EL Erdnusscreme
2 EL Tamari oder Sojasauce
2 EL Reisessig
2 EL geriebener Ingwer
1 TL geröstetes Sesamöl
1 TL Chili-Knoblauch-Sauce
1 Möhre, in dünne Stifte geschnitten
1 Salatgurke, in dünne Stifte
  geschnitten
3 EL Gomasio (japanisches
  Sesamsalz)
4 EL in dünne Ringe geschnittene
  Frühlingszwiebeln, die hellen und
  die dunklen Teile

1 In einem großen Topf reichlich Salzwasser zum Kochen bringen. Die Linguine darin in 8–10 Minuten (oder nach Packungsangabe) kochen, bis sie weich sind. In ein Sieb abgießen, mit kaltem Wasser abspülen und beiseitestellen.

2 Mit einem Schneebesen Tahin, Erdnusscreme, 4 EL heißes Wasser, Tamari oder Sojasauce, Reisessig, Ingwer, Sesamöl und Chili-Knoblauch-Sauce in einer großen Schüssel verquirlen.

3 Die gegarten Linguine, Möhre und Gurke in die Sauce geben. Behutsam durchheben, mit Gomasio und Frühlingszwiebeln bestreuen und sofort servieren.

Das Gute daran

Tahin wird aus gemahlenen Sesamsamen hergestellt. Verwendet man es, bekommt man viele wichtige Vitamine auf einmal, denn es ist reich an den Vitaminen E und B15 sowie an Thiamin, Riboflavin, Niacin und Pantothensäure, alle vier ebenfalls Vitamine der B-Gruppe.

KALTER GEMÜSE-NUDEL-TOPF
mit Reisessig

Für 2 Personen
Zubereitungszeit: 20 Minuten

Für den Gemüse-Nudel-Topf
70 g flache Reisnudeln
150 g Möhre
150 g Zucchini
½ rote Paprikaschote, in dünne
   Streifen geschnitten
¼ rote Chilischote, entkernt und in
   dünne Streifen geschnitten
2 TL Sesamsamen
1 Stück Zitronengras (2,5 cm), ohne
   Außenblätter, der innere Teil in
   dünne Scheiben geschnitten
50 g kleine Champignons, halbiert
1 Frühlingszwiebel, geputzt und in
   dünne Ringe geschnitten
einige Purpurbasilikumblätter zum
   Garnieren (nach Belieben)

Für das Dressing
1 TL dunkle Sojasauce
1 TL Reisessig
Saft von ½ Limette
½ Knoblauchzehe, gerieben
½ rote Chilischote, entkernt und
   fein gehackt
Meersalz und frisch gemahlener
   schwarzer Pfeffer

1 Die Reisnudeln in eine Schüssel geben und mit kochend heißem Wasser bedecken. 10 Minuten (oder nach Packungsangabe) einweichen, dann in ein Sieb abgießen, abtropfen lassen und beiseitestellen.

2 Für das Dressing die Sojasauce in einer Schüssel mit Essig, Limettensaft, Knoblauch und Chili verrühren. Das Dressing mit Salz und Pfeffer abschmecken.

3 Möhre und Zucchini waschen, in dünne Scheiben schneiden und mit Paprika, Chili, Sesam, Zitronengras, Pilzen und den weißen Frühlingszwiebelringen mischen. Die Hälfte der Nudeln hinzufügen. Unterheben, das Dressing dazuträufeln und das Ganze noch einmal mischen.

4 Alles in eine Servierschüssel umfüllen und die restlichen Nudeln dazugeben. Mit den grünen Zwiebelringen und nach Belieben mit Purpurbasilikum garnieren. Servieren.

Das Gute daran

Wer Gemüse roh genießt, ernährt sich optimal; denn wenn etwas nicht gekocht wird, können auch keine Nährstoffe im Kochwasser verloren gehen.

POLENTA-LASAGNE
mit Aubergine und gerösteten Tomaten

Für 6 Personen
Zubereitungszeit: 45 Minuten,
plus Kühlzeit
Garzeit: 1 Stunde 10 Minuten

4 EL Olivenöl

150 g grober Maisgrieß (Polenta;
keine Instant-Polenta)

1 TL Meersalz

1 große Aubergine, in 2,5 cm große
Würfel geschnitten

350 g Kirschtomaten, halbiert

3 Knoblauchzehen, in dünne
Scheiben geschnitten

350 ml Tomatensauce (selbst
gemacht oder Fertigprodukt)

250 ml veganes Pesto

6 große Basilikumblätter, in dünne
Streifen geschnitten

50 g Pinienkerne, geröstet

1 Den Boden einer ofenfesten Form (23 x 23 cm) mit Backpapier
belegen und den Rand mit etwas Öl fetten. In einem großen Topf
1,2 l Wasser zum Kochen bringen. Unter ständigem Rühren den Maisgrieß einrieseln lassen. ½ TL Salz hinzufügen. Bei mittlerer Hitze weiter-
rühren, bis der Maisgrieß cremig und glatt ist. In die Form gießen und
abkühlen lassen. Zudecken und für mindestens 2 Stunden kalt stellen.

2 Den Backofen auf 200 °C vorheizen. Die Auberginenwürfel mit
½ TL Salz bestreuen und 30 Minuten in einem Sieb abtropfen lassen.
Abspülen, dann behutsam überschüssiges Wasser herausdrücken.

3 Auberginen und Tomaten mit Knoblauch und 3 EL Öl mischen. Die
Mischung auf ein tiefes Backblech verteilen. 30 Minuten rösten, dabei
ein-, zweimal umrühren. Herausnehmen. Temperatur auf 190 °C reduzieren. Die erstarrte Polenta aus der Form stürzen und in drei gleich große
Stücke schneiden. Jedes Stück horizontal in drei gleich große Stücke
schneiden, sodass neun Polenta-»Lasagneblätter« entstehen. Sollte ein
»Blatt« zerbrechen, fügen Sie es einfach in der Form wieder zusammen.

4 Eine Auflaufform mit dem restlichen Öl fetten. Ein Drittel der Tomatensauce auf dem Boden verstreichen, drei Polentastücke darauflegen. Die Hälfte der Tomaten-Auberginen-Mischung und die Hälfte vom
Pesto daraufgeben. Mit drei Stücken Polenta bedecken. Diese mit einem
weiteren Drittel der Tomatensauce bestreichen und darauf die restliche
Tomaten-Auberginen-Mischung und das restliche Pesto verteilen. Die
letzten Polentastücke darauflegen, mit der restlichen Tomatensauce
bestreichen. Die Lasagne zugedeckt etwa 40 Minuten backen. Herausnehmen, mit Basilikum und Pinienkernen bestreuen und heiß servieren.

GNOCCHI
in Tomatensauce

4 Personen
**Zubereitungszeit: 45 Minuten,
plus Kühlzeit**

Für die Gnocchi
1 kg festkochende Kartoffeln
Salz
250 g Mehl, plus 50 g für die
  Arbeitsfläche
½ TL weißer Pfeffer
40 g Margarine

Für die Tomatensauce
2 mittelgroße rote Zwiebeln
1 Knoblauchzehe
2 EL Olivenöl
2 TL Tomatenmark
½ TL Rohrohrzucker
100 ml roter Traubensaft (vegan)
Saft von ½ Zitrone
500 g stückige Tomaten
  (aus der Dose)
1 TL Salz
¼ TL schwarzer Pfeffer
1 TL getrocknete italienische Kräuter

Für die Garnitur
Basilikum
Nusswürzung (s. S. 111)

1 Die Kartoffeln waschen und in einem Topf mit Salzwasser etwa 30 Minuten weich kochen. Die Kartoffeln abgießen, kurz ausdampfen lassen, pellen und noch heiß durch eine Kartoffelpresse drücken. Die Kartoffelmasse mit Mehl mischen und mit Salz und Pfeffer würzen. Mit leicht angefeuchteten Händen zu einem glatten Teig kneten.

2 In einem großen Topf reichlich Salzwasser zum Kochen bringen. Inzwischen die Arbeitsfläche mit Mehl bestäuben. Den Teig dritteln und aus jedem Drittel eine möglichst gleich dicke Schlange rollen. Die Rollen in etwa 1 cm dicke Scheiben schneiden. Mit einer Gabel das typische Gnocchimuster in die Scheiben drücken.

3 Die Gnocchi auf einem mit Backpapier ausgelegten Blech sammeln. Anschließend die Gnocchi in das Salzwasser geben und kochen, bis sie an die Oberfläche steigen. Mit einem Schaumlöffel herausheben und in einem Sieb abtropfen lassen.

4 Für die Sauce Zwiebeln und Knoblauch schälen und in Würfel schneiden. Das Olivenöl in einem Topf erhitzen, die Zwiebel- und Knoblauchwürfel darin glasig andünsten. Das Tomatenmark einrühren und ebenfalls kurz anrösten, den Zucker dazugeben und alles leicht karamellisieren lassen, mit dem Traubensaft und dem Zitronensaft ablöschen. Die gehackten Tomaten dazugeben und langsam einkochen lassen, bis die Flüssigkeit verdampft ist und die Sauce leicht eindickt. Mit Salz, Pfeffer und den italienischen Kräutern abschmecken.

5 Die Margarine in einer beschichteten Pfanne zerlassen, die Gnocchi darin kurz erwärmen. Die Gnocchi in tiefen Tellern anrichten, die Tomatensauce darübergeben. Mit der Nusswürzung abschmecken. Basilikum waschen, trocken schütteln, die Blätter abzupfen und über die Gnocchi streuen.

CREMIGE SPINATLASAGNE
mit Cashewkräuterkruste

Für 4 Personen
Zubereitungszeit: 30 Minuten
Garzeit: 40–45 Minuten

Für die Spinatlasagne
600 g TK-Blattspinat
2 Schalotten
1 Knoblauchzehe
3 EL Öl
200 g Dinkelsahne
2 EL Speisestärke
200 ml Gemüsebrühe
1 TL Salz
½ TL schwarzer Pfeffer
¼ TL frisch geriebene Muskatnuss
1 Prise Rohrohrzucker
50 g Margarine
½ Packung Vollkorn-Lasagneplatten

Für die Cashewkräuterkruste
150 g Cashewkerne
300 ml Gemüsebrühe
80 g Semmelbrösel
4 TL Hefeflocken
1 TL Salz
½ TL schwarzer Pfeffer
1 EL Olivenöl
1 TL getrocknete Petersilie
1 TL getrockneter Bärlauch

1 Den Spinat auftauen lassen, die Schalotten und den Knoblauch schälen und in feine Würfel schneiden. Den Backofen auf 180 °C (Umluft) vorheizen.

2 Das Öl in einer großen Pfanne erhitzen und die Schalotten- und Knoblauchwürfel darin glasig andünsten, den Spinat dazugeben und mitdünsten. 6 EL Dinkelsahne abnehmen und die Speisestärke damit glatt rühren. Den Spinat mit der Brühe und der übrigen Dinkelsahne aufgießen. Die Pfanne von der Herdplatte nehmen, die angerührte Stärke einrühren und alles noch einmal unter ständigem Rühren aufkochen lassen. Mit Salz, Pfeffer, Muskat und Zucker würzen.

3 Für die Kräuterkruste die Cashewkerne in einer Pfanne ohne Fett anrösten. Mit den restlichen Zutaten in einen hohen Rührbecher geben und mit dem Stabmixer pürieren, bis eine homogene Masse entstanden ist.

4 Zum Fertigstellen eine Auflaufform mit Margarine einfetten. Nacheinander in 3–4 Schichten die Spinatsauce und die Lasagneblätter in die Auflaufform schichten. Als letzte Schicht die Cashewkräuterkruste darübergeben und die Spinatlasagne im Ofen auf der mittleren Schiene 40–45 Minuten backen, bis die Lasagneblätter weich sind und eine leicht gebräunte Kruste entstanden ist.

PROFI-TIPP

Sollten Ihre Kinder keinen Spinat mögen, lässt sich dieser durch andere saisonale Gemüsesorten wunderbar ersetzen.

CREMIGE CANNELLONI
mit Kürbisfüllung

Für 4 Personen
Zubereitungszeit: 1 Stunde
Garzeit: 30 Minuten

Für die Füllung
800 g Hokkaidokürbis
½ Bund Frühlingszwiebeln
1 mittelgroße Zwiebel
1 Knoblauchzehe
3 EL Olivenöl
1 TL Salz
¼ TL schwarzer Pfeffer
½ TL getrockneter Rosmarin
1 Prise frisch geriebene Muskatnuss
50 g geröstete Pinienkerne

Für die Tomatensauce
2 Schalotten
1 Knoblauchzehe
2 EL Olivenöl
2 TL Tomatenmark
½ TL Rohrohrzucker
100 ml roter Traubensaft (vegan)
Saft von ½ Zitrone
400 g stückige Tomaten (aus der Dose)
1 TL Salz
¼ TL schwarzer Pfeffer
1 TL getrocknete italienische Kräuter
200 g pflanzliche Sahne
80 g Cashewmus
2 TL Hefeflocken

1 Den Kürbis waschen, abtrocknen und halbieren. Fasern und Kerne entfernen. Das Fruchtfleisch in etwa 2 cm große Würfel schneiden. Die Frühlingszwiebeln putzen, waschen und in feine Ringe schneiden. Die Zwiebel und den Knoblauch schälen und in feine Würfel schneiden.

2 Den Backofen auf 180 °C (Umluft) vorheizen. Das Öl in einer Pfanne erhitzen und den Kürbis darin von allen Seiten kräftig anbraten. Die Hitze reduzieren, die Frühlingszwiebeln, Zwiebel und den Knoblauch dazugeben und glasig andünsten, mit Salz, Pfeffer, Rosmarin und Muskat würzen. Die Kürbiswürfel in eine ofenfeste Form geben und im Ofen auf der mittleren Schiene 15–20 Minuten backen. Die Pinienkerne ohne Fett anrösten, bis sie duften.

3 Inzwischen für die Tomatensauce Schalotten und Knoblauch schälen und in Würfel schneiden. Das Olivenöl in einem Topf erhitzen und die Schalotten- und Knoblauchwürfel darin glasig andünsten. Das Tomatenmark einrühren und ebenfalls kurz anbraten, den Zucker dazugeben und leicht karamellisieren lassen, mit dem Traubensaft und dem Zitronensaft ablöschen. Die gehackten Tomaten hinzufügen und langsam einkochen lassen, bis die Flüssigkeit verdampft ist und die Sauce eindickt. Mit Salz, Pfeffer und den italienischen Kräutern würzen.

4 Die Sahne mit dem Cashewmus glatt rühren und mit den Hefeflocken würzen.

5 Eine Auflaufform fetten. Die Kürbismasse grob zerstampfen, die Pinienkerne unterheben. Die Kürbismasse in die Cannelloni füllen. Den Boden der Auflaufform mit Tomatensauce bedecken, die Cannelloni in die Auflaufform legen und die restliche Tomatensauce über den Cannelloni verteilen. Zuletzt die Cashewsahne darübergeben. Im Ofen auf der mittleren Schiene 30 Minuten backen.

REIS,
CURRY & CO.

DREIERLEI-BOHNEN-PAELLA
mit Erbsen und Paprika

Für 6 Personen
Zubereitungszeit: 35 Minuten
Garzeit: 1 Stunde

1 Zwiebel
3 Knoblauchzehen
2 EL Olivenöl
1 Prise Safranfäden
1 Prise Chiliflocken
400 g gehackte Tomaten
  (aus der Dose)
1 TL geräuchertes Paprikapulver
450 g Paellareis (z. B. Bomba oder
  Calasparra)
750 ml Gemüsebrühe
250 g Weiße Bohnen (aus der Dose)
je 125 g Augenbohnen und
  Kidneybohnen (aus der Dose)
60 g TK-Erbsen, aufgetaut
Salz
frisch gemahlener
  schwarzer Pfeffer
60 g geröstete rote Paprikastreifen
  (aus dem Glas)
60 g grüne Oliven, entsteint und in
  Scheiben geschnitten
Petersilie zum Garnieren
1 große Zitrone, in acht Spalten
  geschnitten

1 Die Zwiebel und den Knoblauch schälen und fein hacken. Das Öl in einer Paellapfanne oder einer großen Gusseisenpfanne (25 cm Ø) bei mittlerer Temperatur erhitzen. Die Zwiebelwürfel darin etwa 2 Minuten glasig andünsten. Den Knoblauch unterrühren und 30 Sekunden mitgaren, bis er duftet. Safran, Chiliflocken, Tomaten und Paprikapulver untermischen. Den Reis unterrühren und alles weitere 2–3 Minuten garen.

2 Die Brühe zur Reismischung gießen und unterrühren. Das Ganze zum Kochen bringen, dann bei schwacher Hitze zugedeckt 20 Minuten garen. Danach die Bohnen untermischen und weitere 10 Minuten garen. Die Erbsen auf die Oberfläche streuen. Die Paella, ohne zu rühren, noch 10 Minuten weitergaren, bis die Erbsen heiß sind. Vom Herd nehmen.

3 Die Paella mit Salz und Pfeffer würzen, gleichmäßig mit Paprikastreifen und Oliven belegen, zudecken und 5 Minuten ruhen lassen. Mit Petersilie garnieren und servieren. Die Zitronenspalten dazureichen.

Das Gute daran

Was den Nährstoffgehalt angeht, kann nur grünes Gemüse es mit Bohnenkernen aufnehmen. Bei rein pflanzlicher Ernährung ist es wichtig, möglichst jeden Tag Hülsenfrüchte zu essen.

ITALIENISCHES TOMATEN-GERSTOTTO
mit grünen Oliven und Basilikum

Für 4 Personen
Zubereitungszeit: 10 Minuten
Garzeit: 45 Minuten

1 Zwiebel
2 Knoblauchzehen
300 g Perlgraupen
1 EL Öl
375 g passierte Tomaten
  (aus der Dose)
600 ml Gemüsebrühe
1 TL getrocknete italienische Kräuter
400 g Cannellinibohnen
  (aus der Dose)
120 g grüne Oliven
Salz
frisch gemahlener
  schwarzer Pfeffer
1 Handvoll Basilikumblätter
veganer Parmesan zum Servieren
  (nach Belieben)

1 Die Zwiebel und den Knoblauch schälen und fein hacken. Die Graupen mit heißem Wasser abspülen und in einem Sieb abtropfen lassen. Das Öl in einem großen Topf erhitzen. Zwiebel und Knoblauch darin etwa 5 Minuten glasig andünsten. Die Graupen dazugeben und rühren, bis sie vom Öl überzogen sind. Alles weitere 2 Minuten garen.

2 Tomaten, Brühe und Kräuter hinzufügen und gut unterrühren. Das Ganze bei schwacher Hitze zugedeckt 30 Minuten köcheln lassen, bis die Graupen den Großteil der Flüssigkeit aufgenommen haben und gar sind. Dabei gelegentlich umrühren, damit die Graupen nicht am Topfboden ansetzen.

3 Inzwischen die Bohnen in ein Sieb abgießen und abtropfen lassen. Die Oliven entsteinen und halbieren. Die Bohnen unterrühren und das Gerstotto noch weitere 5 Minuten garen, dann vom Herd nehmen. Die Oliven untermischen; sie sollten gleichmäßig verteilt sein. Das Gerstotto mit Salz und Pfeffer abschmecken. Basilikum waschen, trocken schütteln und über das Gerstotto streuen. Nach Belieben veganen Parmesan zum Bestreuen dazureichen.

Das Gute daran

Gerste ist eine hervorragende pflanzliche Eiweißquelle – besser als Naturreis – und außerdem sehr ballaststoffreich. Darüber hinaus liefert sie Magnesium und enthält Eisen sowie Vitamin B6.

SÜSSKARTOFFEL-SPINAT-CURRY
mit Ingwer und Koriander

Für 4 Personen
Zubereitungszeit: 30 Minuten

1 Zwiebel
2 Knoblauchzehen
1 Stück Ingwer (5 cm)
2 EL Kokosöl
1 TL Senfsamen
¼ TL gemahlener Zimt
½ TL gemahlene Kurkuma
½ TL Cayennepfeffer
1 TL gemahlener Kreuzkümmel
1 TL gemahlener Koriander
400 ml Kokosmilch
250 ml Gemüsebrühe
3 große Süßkartoffeln (etwa 700 g)
100 g Babyspinat
Salz
1 kleine Handvoll Koriandergrün
gekochter Naturreis zum Servieren

1 Die Zwiebel und den Knoblauch schälen und fein würfeln. Ingwer schälen und fein reiben. Das Öl in einem großen, flachen Topf bei mittlerer Temperatur erhitzen. Die Zwiebelwürfel darin 3–4 Minuten glasig andünsten. Knoblauch und Ingwer hinzufügen und 1 Minute mitbraten. Die Gewürze dazugeben. 1 Minute rühren, bis sie etwas dunkler werden und zu duften beginnen.

2 Kokosmilch und Brühe in den Topf geben und gut untermischen. Die Süßkartoffelwürfel schälen, in 3 cm große Würfel schneiden und hinzufügen. Die Mischung aufkochen, dann bei schwacher Hitze zugedeckt 10–12 Minuten köcheln lassen, bis die Süßkartoffeln gerade eben weich sind.

3 Den Spinat waschen, trocken schütteln und verlesen. Vorsichtig unter die Süßkartoffeln rühren. Das Curry ist fertig, wenn der Spinat nach etwa 1–2 Minuten zusammengefallen ist. Das Gericht, falls nötig, mit Salz abschmecken.

4 Vom Herd nehmen. Koriandergrün waschen, trocken schütteln, fein hacken und unterrühren. Das Curry auf gekochtem Naturreis anrichten und servieren.

Das Gute daran

Süßkartoffeln, Spinat und Kokosmilch reichern dieses Gericht mit Vitamin C an. Auch die Gewürze sind nicht ohne – Senfsamen und Kurkuma haben entzündungshemmende Eigenschaften.

CASHEW-PAELLA
mit Pilzen und Paprika

Für 4 Personen
Zubereitungszeit: 35 Minuten

1 große Prise Safranfäden
750 ml heiße Gemüsebrühe
2 EL Olivenöl
1 Lauchstange, geputzt und
  in Streifen geschnitten
1 Zwiebel, gewürfelt
2 Knoblauchzehen, zerdrückt
1 rote Paprikaschote, geputzt
  und gewürfelt
1 Möhre, gewürfelt
250 g Paellareis
150 ml veganer Weißwein
125 g braune Champignons,
  in Scheiben geschnitten
100 g geröstete ungesalzene
  Cashewkerne
Salz
frisch gemahlener
  schwarzer Pfeffer
125 g Erbsen (frisch oder TK)
1 ½ EL gehackter Thymian
4 Tomaten, geviertelt
½ TL geräuchertes Paprikapulver
1 Stängel Petersilie
Zitronenspalten zum Servieren

1 Die Safranfäden zum Einweichen in die Brühe geben. Das Öl in einer Paellapfanne oder einer großen gewöhnlichen Pfanne erhitzen. Lauch, Zwiebel, Knoblauch, Paprika und Möhre darin unter Rühren 3 Minuten anschwitzen, bis alles weich, aber nicht gebräunt ist. Den Reis hinzufügen. Rühren, bis er vom Öl überzogen ist und glänzt.

2 Den Wein angießen und unter Rühren verkochen lassen. Safran-Brühe, Pilze, Cashewkerne sowie etwas Salz und Pfeffer untermischen. Zum Kochen bringen und einmal umrühren, dann zudecken und bei sehr schwacher Hitze 10 Minuten köcheln lassen.

3 Erbsen und Thymian hinzufügen und behutsam unterrühren. Die Tomaten auf dem Reis verteilen. Das Ganze zugedeckt weitere 10 Minuten köcheln lassen, bis der Reis weich ist und den Großteil der Flüssigkeit aufgenommen hat.

4 Das Paprikapulver unterrühren – vorsichtig, damit die Tomaten nicht zerfallen. Die Paella mit Salz und Pfeffer abschmecken.

5 Die Paella mit dem Petersilienstängel garnieren und mit den Zitronenspalten servieren. Dazu passen knuspriges Brot und grüner Salat.

Das Gute daran

Auch wenn Cashewkerne wichtige Nährstoffe – z. B. viel Vitamin E, Magnesium und Zink – enthalten, sollte man nicht zu viel davon essen, denn sie sind auch recht fettreich.

FREEKEH-PILAW
mit Kirschen und Pistazien

Für 4 Personen
Zubereitungszeit: 30 Minuten

Für das Pilaw
200 g Freekeh
8 Kardamomkapseln
8 Gewürznelken
1 Zwiebel
1 EL Olivenöl
1 TL gemahlener Zimt
1 Prise Salz
100 g getrocknete Kirschen,
  grob gehackt
100 g Pistazienkerne, grob gehackt
1 EL gehackte Petersilie

Für das Zitronendressing
3 EL Olivenöl
2 EL Zitronensaft
1 Prise Salz

1 Den Freekeh mit Kardamom und Nelken in einen Topf geben und mit 1 l Wasser bedecken. Bei mittlerer Hitze etwa 20 Minuten köcheln lassen, bis das Getreide fast das gesamte Wasser aufgenommen hat. Überschüssiges Wasser abgießen, Kardamom und Nelken entfernen. Den Freekeh beiseitestellen.

2 Inzwischen die Zwiebel schälen und fein würfeln. Das Öl in einer großen Pfanne bei mittlerer Temperatur erhitzen. Die Zwiebelwürfel darin 5–10 Minuten unter gelegentlichem Rühren glasig andünsten. Den Zimt hinzufügen und die Zwiebelwürfel weitere 2 Minuten garen.

3 Für das Zitronendressing alle Zutaten in eine kleine Schüssel geben und mischen.

4 Den Freekeh zur Zwiebelmischung geben. Salz hinzufügen und alles verrühren. Kirschen, Pistazien und Petersilie gleichmäßig unterrühren. Den Freekeh vom Herd nehmen, mit dem Dressing beträufeln und heiß servieren.

Das Gute daran

Getrocknete Kirschen reichern eine rein pflanzliche Ernährung mit Kupfer und essenziellen Mineralstoffen an.

GEMÜSEBOWL
mit Hülsenfrüchten, Grünkohl und Nüssen

Für 2 Personen
Zubereitungszeit: 15 Minuten
Garzeit: 40 Minuten

Für die Gemüsebowl

100 g Rote Bete
100 g Möhre
100 g Knollensellerie
100 g Süßkartoffel
1 EL Olivenöl
½ TL gemahlener Kreuzkümmel
Salz
frisch gemahlener
   schwarzer Pfeffer
85 g gegarte Kichererbsen
1 Knoblauchzehe, zerdrückt
1 Prise Cayennepfeffer
30 g Puy-Linsen (oder andere
   grüne Linsen)
25 g Quinoa, abgespült
20 g Grünkohl, gehackt
10 g Rucola
1 EL grob gehackte Walnusskerne
1 TL Kürbiskerne

Für das Dressing

1 EL Olivenöl
1 TL körniger Senf
2 TL Ahornsirup

1 Den Backofen auf 160 °C (Umluft) vorheizen. Rote Bete, Möhre, Sellerie und Süßkartoffel ungeschält waschen und in gleich große Stücke schneiden. Das Gemüse getrennt voneinander auf ein großes Backblech geben und mit ½ EL Öl beträufeln. Mit Kreuzkümmel bestreuen, dann mit Salz und Pfeffer würzen.

2 Die Kichererbsen mit dem Knoblauch und dem restlichen Olivenöl in eine ofenfeste Form geben. Mit Salz, Pfeffer und Cayennepfeffer würzen. Blech und Form in den Backofen geben. Die Kichererbsen 15 Minuten, das Wurzelgemüse 25 Minuten rösten.

3 Die Linsen abspülen und in einen Topf geben. Mit Wasser bedecken und zum Kochen bringen, dann bei schwacher Hitze zugedeckt 10 Minuten köcheln lassen. Die Quinoa hinzufügen und 5 Minuten mitgaren. Den Grünkohl darüber 5 Minuten dämpfen, bis er zusammengefallen ist. In ein Sieb abgießen und abtropfen lassen.

4 Die Zutaten für das Dressing in einer kleinen Schüssel mischen und mit einem Schneebesen verrühren.

5 Linsen und Quinoa, Wurzelgemüse, Rucola, Grünkohl und Kichererbsen in einer Schüssel anrichten. Mit Nüssen und Kürbiskernen bestreuen, mit dem Dressing beträufeln und servieren.

Das Gute daran

Wurzelgemüse enthält reichlich Ballaststoffe, aber auch beachtliche Mengen an Carotinoiden und Vitamin C. Es sollte regelmäßiger Bestandteil einer veganen Ernährung sein, insbesondere im Winter, wenn der Körper verstärkt nach Vitamin C verlangt.

NATURREIS-SUSHI-BOWL
mit gekeimten Samen und Radieschen

Für 1 Person
Zubereitungszeit: 15 Minuten,
   plus Kühlzeit
Garzeit: 20 Minuten

Für die Radieschen

125 ml Reisessig
40 g Einmachzucker
1 TL feines Meersalz
4 Wassermelonen-Radieschen (oder
   herkömmliche, sehr große Radieschen), gewaschen, geputzt und in
   dünne Scheiben geschnitten

Für die Naturreis-Sushi-Bowl

150 g gekeimter Natur-Rundkornreis
1 EL Reisessig
¼ TL Zucker
¼ TL Salz
je 1 EL gekeimte Kürbiskerne,
   Sonnenblumenkerne und gekeimte
   Sesamsamen (s. Tipp S. 61)
5 g Noriblätter
1 Stück Salatgurke (2,5 cm), halbiert,
   entkernt und in dünne Scheiben
   geschnitten
Fruchtfleisch von ½ kleinen
   Avocado, in Scheiben
   geschnitten

1 Für die marinierten Radieschen den Essig in einer kleinen Schüssel mit Zucker und Salz verquirlen. Die Radieschen in ein kleines Einmachglas geben und mit der Essigmischung bedecken. Das Glas verschließen und mindestens 1 Stunde in den Kühlschrank stellen. (Im Kühlschrank halten sich die Radieschen bis zu 1 Woche.)

2 Den Reis in einen Topf mit schwerem Boden geben und mit 250 ml kaltem Wasser bedecken. Zum Kochen bringen, dann bei schwacher Hitze 15–20 Minuten köcheln lassen, bis das Wasser verdampft und der Reis fast weich ist.

3 Den Essig mit Zucker und Salz in einen kleinen Topf geben und erhitzen, dabei mit einem Schneebesen rühren, bis der Zucker sich fast aufgelöst hat. Das Dressing unter den Reis mischen. Den Reis zudecken und 5 Minuten ruhen lassen.

4 Kürbiskerne, Sonnenblumenkerne und Sesamsamen unter den warmen Reis heben. 1–2 Noriblätter beiseitelegen, die restlichen auf den Reis bröckeln und gut untermischen.

5 Die warme Reismischung in eine Servierschüssel umfüllen. Mit Gurke, Avocado und einigen Radieschenscheiben belegen. Die restlichen Algenblätter daraufbröckeln und den Reis servieren.

Das Gute daran

Algen sind nährstoffreicher als jedes an Land wachsende Gemüse, liefern beispielsweise eine Menge Kalzium. Für Veganer ist dies wichtig, weil sie ja keine Milchprodukte zu sich nehmen.

HIRSE-BUDDHA-BOWL
mit Rote-Bete-Hummus

Für 1 Person
Zubereitungszeit: 15 Minuten,
  plus Einweichzeit
Garzeit: 45 Minuten

Für die Hirse-Buddha-Bowl
50 g Hirse
1 Maiskolben
1 kleine Handvoll Babyspinat
1 Handvoll Erbsensprossen
  (s. Tipp S. 61)
50 g Cannellinibohnen
  (aus der Dose)
2 braune Champignons, in Scheiben
1 kleine Möhre, in feinen Stiften
½ kleine Mango, geschält und
  gewürfelt
1 EL Sonnenblumenkerne
2 Limettenspalten
Salz und Pfeffer

Für das Rote-Bete-Hummus
100 g Rote Bete, grob gehackt
½ EL Olivenöl, plus mehr
  zum Beträufeln
Saft von ½ Zitrone
Salz und Pfeffer

Für das Dressing
1 EL Olivenöl
2 TL Aceto balsamcio

1 Die Hirse über Nacht in der doppelten Menge Wasser einweichen. Anschließend in ein Sieb abgießen und gut abspülen.

2 Für den Rote-Bete-Hummus den Backofen auf 180 °C vorheizen. Die Rote Bete in eine ofenfeste Form geben, mit etwas Öl beträufeln und etwa 30 Minuten rösten, bis sie weich ist. In den Mixer füllen und pürieren. Das Gerät weiterlaufen lassen. Das Öl zur Roten Bete träufeln, dann 1–3 EL Wasser untermixen, mit Zitronensaft, Salz und Pfeffer würzen.

3 Die Hirse mit Wasser bedecken, zum Kochen bringen und bei schwacher Hitze etwa 10 Minuten köcheln lassen. In ein Sieb abgießen und abtropfen lassen, dann in eine Schüssel füllen.

4 Mit einem scharfen Messer die Körner vom Maiskolben schneiden. Die Körner zur Hirse geben.

5 Für das Dressing Öl und Essig in ein kleines Schraubdeckelglas geben. Das Glas verschließen und kräftig schütteln.

6 Die Hirse-Mais-Mischung in eine Schale geben. Spinat, Sprossen, Bohnen, Pilze, Möhrenstifte und Mangowürfel im Kreis darauf anrichten und in die Mitte einen Klecks Hummus setzen. Mit dem Dressing beträufeln, mit Sonnenblumenkernen bestreuen und mit Limettenspalten garnieren. Salzen, pfeffern und servieren.

Das Gute daran

Rote Bete ist unglaublich gesund – sie enthält reichlich Nitrate, Vitamin C und Eisen und ist eine fantastische Quelle für Lysin, eine essenzielle Aminosäure, die der Körper nicht selbst herstellen kann.

QUINOAPFANNE
leicht und bunt

Für 4 Personen
Zubereitungszeit: 30 Minuten

150 g Quinoa
500 ml Gemüsebrühe
1 mittelgroße rote Zwiebel
1 Knoblauchzehe
1 Stück Ingwer (2 cm)
1 gelbe Paprikaschote
1 kleine Zucchini
Öl zum Braten
400 ml Kokosmilch
Saft von ½ Zitrone
2 EL Erdnussmus
1 TL Salz
½ TL gemahlener
  schwarzer Pfeffer
½ TL Currypulver
2 EL süß-saure Asiasauce
100 g Mungobohnensprossen
  (s. Tipp S. 61)

1 Die Quinoa gründlich mit heißem Wasser abspülen. Mit der Gemüse-brühe in einen Topf geben, zum Kochen bringen und bei schwacher Hitze 15–20 Minuten al dente kochen.

2 Inzwischen Zwiebel, Knoblauch und Ingwer schälen und in feine Würfel schneiden. Die Paprika waschen, entkernen und in feine Streifen schneiden. Die Zucchini waschen und erst in Würfel, dann in feine Streifen schneiden.

3 Das Öl in einer beschichteten Pfanne erhitzen und die Paprika- und Zucchinistreifen darin anbraten, die Zwiebel-, Ingwer- und Knoblauch-würfel dazugeben und mitdünsten. Alles mit der Kokosmilch und dem Zitronensaft ablöschen. Das Erdnussmus dazugeben und unterrühren.

4 Die Quinoa in ein Sieb abgießen, zum Gemüse geben und vorsichtig unterheben. Mit Salz, Pfeffer, Currypulver und der Asiasauce würzen, die Sprossen unterheben.

SALATE &
BEILAGEN

LINSEN-BLUMENKOHL-TABOULÉ
mit Minze und Zitrone

Für 4 Personen
Zubereitungszeit: 20 Minuten

1 kleiner Blumenkohl
3 Stängel glatte Petersilie
6 Stängel krause Petersilie
3 Stängel Minze
150 g Salatgurke
175 g Tomate
1 kleines Bund Frühlingszwiebeln
125 g braune Linsen (aus der Dose)
Saft und Schale von 2 Bio-Zitronen
2 EL Olivenöl
Salz
frisch gemahlener
  schwarzer Pfeffer

1 Den Blumenkohl von den Außenblättern befreien und in Röschen teilen. In den Mixer geben und in 6–7 Intervallen zerkleinern, bis der Blumenkohl Reiskörnern oder Bulgur ähnelt.

2 Petersilie und Minze waschen, trocken schütteln und fein hacken. Die Gurke waschen, abtrocknen und in Würfel schneiden. Die Tomaten waschen, abtrocknen und würfeln, dabei den Stielansatz entfernen. Die Frühlingszwiebeln putzen, waschen und in dünne Ringe schneiden.

3 Blumenkohlbrösel, Petersilie, Minze, Gurke, Tomate, Frühlingszwiebeln und Linsen in eine große Schüssel geben. Zitronenschale und -saft sowie das Öl hinzufügen und den Salat gut durchheben. Das Taboulé mit Salz und Pfeffer würzen, in eine Servierschüssel umfüllen und sofort servieren.

VARIANTE

Extra pikant wird das Taboulé, wenn Sie in Schritt 2 noch fein gewürfelte rote Paprikaschoten und rote Zwiebel sowie gehackte schwarze Oliven hinzufügen und das Gericht vor dem Servieren mit Granatapfelkernen bestreuen.

Das Gute daran

Blumenkohl anstelle von Getreide verwenden – das ist eine tolle Möglichkeit, einem Gericht mehr Nährwert und Geschmack zu verleihen. Für eine rein pflanzliche Ernährung ist Blumenkohl ideal. Schließlich enthält er fast jedes Vitamin, das Sie benötigen, darunter die Vitamine C und B6.

MEXIKANISCHER QUINOASALAT
mit Bohnen und Avocado

Für 2 Personen
Zubereitungszeit: 15 Minuten,
  plus Abkühlzeit
Garzeit: 20 Minuten

50 g Quinoa
½ rote Zwiebel
1 rote Paprikaschote
400 g Kidneybohnen (aus der Dose)
50 g Maiskörner (aus der Dose)
4–6 Scheiben Jalapeño-Chilischoten
  in Lake, fein gehackt
1 Avocado
1 Romanasalat
50 g vegane Mais-Tortillachips,
  plus mehr zum Servieren
1 Zitrone oder Limette, halbiert

1 Die Quinoa in einem Sieb unter fließendem Wasser abspülen. Abtropfen lassen, dann in einen Topf geben. Mit 250 ml Wasser bedecken und zum Kochen bringen.

2 Anschließend zudecken und bei schwacher Hitze 15–20 Minuten köcheln lassen, bis die Quinoa fast die gesamte Flüssigkeit aufgenommen hat und locker ist. Quinoa in ein Sieb abgießen, abtropfen und abkühlen lassen.

3 Die Zwiebel schälen und in Würfel schneiden. Die Paprika entkernen, waschen und fein würfeln. Bohnen und Mais in einem Sieb abtropfen lassen. Mit Quinoa, Zwiebel, Paprika und Jalapeños in eine große Schüssel geben und alles gut mischen. Die Avocado halbieren und entsteinen. Die Hälften schälen und das Fruchtfleisch in Würfel schneiden. Hinzufügen und locker unterheben.

4 Den Romanasalat waschen, trocken schleudern, in Streifen schneiden und zu den übrigen Zutaten geben. Die Tortillachips grob zerbröseln und auf den Salat streuen. Den Salat noch einmal kurz durchheben, dann auf einer Servierplatte anrichten und sofort mit Tortillachips und den Zitronen- oder Limettenhälften servieren.

Das Gute daran

Wann immer es um gesundes Essen geht, heißt es, man solle Lebensmittel in allen Regenbogenfarben zu sich nehmen. Dieses farbenfrohe Gericht mit Bohnen und Quinoa – beides äußerst eiweißreiche Zutaten – kann Ihnen dabei helfen. Quinoa enthält außerdem alle essenziellen Aminosäuren, die der Körper braucht, und ist daher ein Muss in der veganen Ernährung.

BLUTORANGEN-ROTE-BETE-SALAT
mit Fenchel und Walnüssen

Für 4 Personen
Zubereitungszeit: 20 Minuten
Garzeit: 30 Minuten

Für den Salat
2 Rote Beten
1 EL Olivenöl
Salz
frisch gemahlener
  schwarzer Pfeffer
30 g Walnusskerne
2 kleine Blutorangen
1 kleine Fenchelknolle
75 g Brunnenkresse
75 g junger Rucola

Für das Dressing
4 EL Olivenöl
1 TL Dijonsenf
Salz
frisch gemahlener
  schwarzer Pfeffer

1 Den Backofen auf 200 °C vorheizen. Die Roten Beten schälen, in jeweils acht Spalten schneiden und in einer Auflaufform mit dem Öl mischen. Kräftig mit Salz und Pfeffer würzen. Im heißen Ofen 30 Minuten rösten, dabei einmal wenden. Beiseitestellen.

2 Die Nüsse grob hacken und in einer kleinen Pfanne ohne Fett unter ständigem Rühren 2–3 Minuten rösten, bis sie stellenweise gebräunt sind. Vom Herd nehmen und abkühlen lassen.

3 Die Orangen mit einem kleinen scharfen Messer so schälen, dass auch die weiße Haut entfernt wird. Die Segmente über einer Schüssel aus den Trennwänden herausschneiden, den Saft auffangen. Was von der Orange übrig ist, das »Gerüst«, über der Schüssel ausdrücken. Die Orangenfilets beiseitestellen.

4 Für das Dressing Öl, Senf, Salz und Pfeffer zum Orangensaft geben und alles mit einem Schneebesen verquirlen. Den Fenchel waschen, längs vierteln und vom Strunk befreien. Die Viertel in sehr dünne Scheiben schneiden und mit dem Dressing anmachen.

5 Brunnenkresse und Rucola hinzufügen und unterheben. Den Salat auf eine große Servierplatte geben. Rote Beten, Blutorangenfilets und Walnüsse darauf verteilen und den Salat sofort servieren.

Das Gute daran

Dieser süß-fruchtige, knackige Salat ist dank Orangen, Roter Bete, Fenchel und Brunnenkresse reich an Kalium und Vitamin C und somit eine Mahlzeit, die das Immunsystem gesund hält. Walnüsse liefern nicht nur Aroma, sondern stecken auch voller pflanzlicher Omega-3-Fettsäuren.

ASIASALAT
mit Mungobohnensprossen und Minze

Für 2 Personen
Zubereitungszeit: 10 Minuten

Für das Dressing
¼ TL Knoblauch
2 EL Reisessig
2 TL Zucker
1 TL Sesamöl
½ TL Sojasauce oder Tamari
¼ TL frisch geriebener Ingwer

Für den Salat
½ Zucchini
1 Stück Salatgurke (8 cm)
30 g Mungobohnensprossen
   (s. Tipp S. 61)
30 g Erbsensprossen (s. Tipp S. 61)
2 EL grob gehackte Minze,
   plus Minzeblätter zum Servieren
   (nach Belieben)
einige dünne rote Zwiebelringe
   (nach Belieben)
1 EL grob gehackte gesalzene
   Erdnusskerne

1 Für das Dressing den Knoblauch schälen und sehr fein hacken. Essig mit Zucker, Sesamöl, Sojasauce oder Tamari, Ingwer und Knoblauch in eine kleine Schüssel geben. Mit einem Schneebesen rühren, bis der Zucker sich aufgelöst hat.

2 Die Zucchini waschen, trocken reiben und mit dem Sparschäler in dünne »Spaghetti« schneiden. Die Gurke waschen, trocken reiben und ebenfalls zu »Spaghetti« schneiden. Die Gemüsespaghetti mit Sprossen, Minze und nach Belieben den Zwiebelringen in eine Servierschüssel füllen. Das Dressing dazugeben. Den Salat durchheben, bis alle Zutaten vom Dressing überzogen sind.

3 Den Salat mit den gehackten Erdnüssen und nach Belieben mit einigen Minzeblättern bestreuen. Sofort servieren.

Das gute daran

Mungobohnensprossen sind klein, aber trotzdem sättigend und eine gute Eiweißquelle.

PANZANELLA
mit Weißen Bohnen

Für 6 Personen
Zubereitungszeit: 25 Minuten
Garzeit: 15 Minuten

Für die Panzanella
1 kleiner Laib helles Sauerteigbrot
175 g Kirschtomaten
1 Salatgurke
200 g Weiße Bohnen (aus der Dose)
150 g frische Maiskörner
Salz
frisch gemahlener
 schwarzer Pfeffer

Für das Dressing
2 Knoblauchzehen
4 EL Rotweinessig
1 EL Dijonsenf
125 ml Olivenöl
1 TL gehackter Oregano
1 TL gehacktes Basilikum

1 Den Backofen auf 170 °C vorheizen. Das Brot in 1 cm große Würfel schneiden. Die Würfel nebeneinander auf ein Backblech legen und etwa 15 Minuten rösten, bis sie leicht gebräunt sind.

2 Inzwischen für das Dressing den Knoblauch schälen und fein würfeln. Essig und Senf miteinander verrühren. Das Öl unter ständigem Rühren dazuträufeln. Knoblauch, Oregano und Basilikum unterrühren. Das Dressing beiseitestellen.

3 Die Tomaten waschen, trocken tupfen und halbieren. Die Gurke waschen, trocken reiben und in Würfel schneiden. Tomaten und Gurke mit Bohnen und Mais in eine große Salatschüssel geben. Die Brotwürfel unterheben. Das Dressing dazuträufeln. Den Salat mit Salz und Pfeffer würzen und noch einmal durchheben. Sofort servieren.

Das Gute daran

Sauerteigbrot ist leicht verdaulich. Die enthaltene Milchsäure erleichtert es dem Körper, die Nährstoffe aus dem Mehl aufzunehmen. Weiße Bohnen sind wegen ihres hohen Gehalts an B-Vitaminen ein Muss für den veganen Vorratsschrank.

OFENTOMATEN UND WEISSE BOHNEN
mit Basilikum-Vinaigrette

Für 4 Personen
Zubereitungszeit: 15 Minuten
Garzeit: 30 Minuten

Für das Gemüse
4 Eiertomaten
2 Knoblauchzehen
1 EL Olivenöl
350 g Cannellinibohnen
   (aus der Dose)
Salz
frisch gemahlener
   schwarzer Pfeffer

Für die Basilikum-Vinaigrette
20 g Basilikumblätter,
   plus mehr zum Garnieren
4 EL Weißwein- oder
   Champagneressig
2 EL Olivenöl
Salz
frisch gemahlener
   schwarzer Pfeffer

1 Den Backofen auf 200 °C vorheizen. Die Tomaten waschen, trocken reiben und längs halbieren. Den Knoblauch schälen und fein hacken. Tomaten und Knoblauch mit dem Öl mischen. Auf einem Backblech verteilen und im heißen Ofen 30 Minuten rösten. Herausnehmen und bei Zimmertemperatur abkühlen lassen.

2 Inzwischen für die Vinaigrette die Basilikumblätter waschen und trocken schütteln. Mit dem Essig in den Mixer geben. Das Gerät einschalten und das Öl zu Basilikum und Essig träufeln. Mixen, bis eine Emulsion entstanden ist. Das Dressing mit Salz und Pfeffer abschmecken. Beiseitestellen.

3 Die Bohnen in einer Schüssel mit 2 EL Dressing anmachen. Auf einer Servierplatte anrichten und mit den gerösteten Tomaten garnieren. Das Ganze mit Salz und Pfeffer würzen, mit dem restlichen Dressing beträufeln und mit Basilikumblättern bestreuen. Sofort servieren.

Das Gute daran

Tomaten sind nicht nur wahre Vitaminbomben, sie liefern auch viel vom herzfreundlichen Lycopin. Wenn man Tomaten mit etwas Öl gart, kann der Körper diesen Nährstoff sehr viel besser aufnehmen.

PEPERONATA
mit Tomaten und Basilikum

Für 4 Personen
Zubereitungszeit: 10 Minuten
Garzeit: 40 Minuten

1 milde Zwiebel
2 große rote Paprikaschoten oder
  1 rote und 1 gelbe Paprikaschote
2 EL Olivenöl
1 Knoblauchzehe (nach Belieben)
Salz
frisch gemahlener
  schwarzer Pfeffer
4 reife Tomaten
1 Handvoll Basilikumblätter

1 Die Zwiebel schälen und in dünne Ringe schneiden. Die Paprikaschoten entkernen, waschen und in Streifen schneiden.

2 Das Olivenöl in einer beschichteten Pfanne bei mittlerer Temperatur erhitzen. Die Zwiebelringe darin 5–8 Minuten anschwitzen, bis sie weich sind, dabei immer wieder umrühren. Nach Belieben Knoblauch schälen, mit dem Handballen andrücken und hinzufügen. Die Paprikastreifen untermischen und unter häufigem Rühren 5 Minuten mitgaren. Mit Salz und Pfeffer würzen.

3 Die Tomaten waschen, trocken tupfen, in Würfel schneiden, dazugeben und gut unterrühren. Die Peperonata mit halb aufgelegtem Deckel 20–30 Minuten garen, bis das Gemüse weich, aber noch nicht zerfallen ist. Gelegentlich umrühren. Mit Salz und Pfeffer abschmecken. Basilikum waschen, trocken schütteln und in feine Streifen schneiden. Untermischen. Die Peperonata warm oder lauwarm servieren.

VARIANTE

Sehr gut schmeckt dieses Gericht, wenn man mit den Paprikaschoten eine gewürfelte Aubergine hinzufügt. Sie könnten auch noch ein paar in Stücke geschnittene gegarte Kartoffeln unterrühren.

Das Gute daran

Paprikaschoten machen Speisen so richtig gesund, denn sie stecken voller Vitamine, insbesondere Vitamin C. Bereits 100 g Paprika liefern mehr als den Tagesbedarf an diesem Vitamin.

SÜSSES &
DESSERTS

GERÖSTETES STEINOBST
mit Hirsestreuseln

Für 4 Personen
Zubereitungszeit: 15 Minuten,
  plus Abkühlzeit
Garzeit: 1 Stunde

Für das Obst
800 g gemischtes Steinobst
  (z. B. Pfirsiche, Nektarinen und
  Pflaumen)
1 EL flüssiges Kokosöl

Für die Streusel
85 g Hirseflocken
85 g gemahlene Mandeln
50 g Kokosöl, gekühlt und gewürfelt
60 g heller Rohrohrzucker

Außerdem
200 g pflanzliche Sahne
  (aufschlagbar) zum Servieren

1 Den Backofen auf 200 °C vorheizen. Das Obst waschen, trocken reiben, entsteinen und in Stücke schneiden. Die Obststücke nebeneinander auf einem Backblech verteilen. Das Öl darüberträufeln und sorgfältig untermischen. Das Obst im heißen Ofen 20–30 Minuten rösten, bis es weich ist, aber noch nicht zerfällt. Herausnehmen und mindestens 10 Minuten abkühlen lassen.

2 Für die Streusel Hirseflocken und Mandeln in eine Schüssel geben und gut mischen. Das Öl hinzufügen und alles mit den Fingerspitzen zu Streuseln verreiben. Den Zucker dazugeben und behutsam untermischen.

3 Die abgekühlte Obstmischung gleichmäßig in eine flache ofenfeste Form verteilen. Mit den Streuseln bestreuen und im heißen Ofen 20–30 Minuten backen, bis die Streusel goldbraun sind. Herausnehmen und warm mit etwas aufgeschlagener Sahne servieren.

Das Gute daran

Steinobst enthält kaum gesättigte Fettsäuren oder Cholesterin und ist eine gute Ballaststoffquelle. Weil zudem Hirseflocken reich an Magnesium und Kalzium sind, ist dies ein richtig gesundes Dessert.

SCHOKO-BOHNEN-PUDDING
mit Himbeeren

Für 6 Personen
Zubereitungszeit: 20 Minuten,
plus Abkühl- und Kühlzeit

3 EL Speisestärke
200 g Adzukibohnen (aus der Dose)
250 ml Mandeldrink (ungesüßt)
2 TL Vanillepaste
4 EL Agavendicksaft
50 g Kakaopulver
6 Himbeeren

1 Die Speisestärke in einer kleinen Schüssel mit 2 EL Wasser verquirlen. Beiseitestellen.

2 Die Bohnen im Mixer mit 75 ml Wasser und 125 ml Mandeldrink glatt pürieren.

3 Den restlichen Mandeldrink (125 ml) in einen kleinen Topf geben. Vanille, Agavendicksaft, Kakaopulver und Bohnenpüree hinzufügen. Mit einem Schneebesen schlagen, bis die Mischung glatt ist.

4 Die Mischung bei schwacher Hitze 8–10 Minuten erhitzen, bis sie zu köcheln beginnt. Gelegentlich umrühren, damit sich keine Klümpchen bilden. Vom Herd nehmen und bei Zimmertemperatur 10 Minuten abkühlen lassen.

5 Den Pudding gleichmäßig auf sechs Dessertschälchen verteilen. Zudecken und über Nacht im Kühlschrank fest werden lassen. Die Portionen vor dem Servieren mit je 1 Himbeere garnieren.

Das Gute daran

Dies ist eine schlaue Methode, Schokoladenpudding zu einem gesunden Gericht zu machen. Um den Gehalt an wichtigen Nährstoffen noch zu erhöhen, sollten Sie einen Mandeldrink verwenden, der mit Kalzium angereichert ist.

VEGANE MILCHSCHNITTEN

Ergibt 8–10 Milchschnitten
Zubereitungszeit: 25 Minuten

Für den Teig
200 g Weizenmehl (Type 550)
125 g Rohrohrzucker
60 g Kakaopulver
2 EL Speisestärke
2 TL Backpulver
1 Prise Steinsalz
250 ml Sojadrink (wichtig ist
   Sojadrink zu verwenden, wegen
   des enthaltenen Lecithins)
80 g weiche Margarine

Für die Füllung
200 g pflanzliche Sahne
   (aufschlagbar)
200 g Frischkäse auf Nussbasis
2 EL flüssiger Agavendicksaft
Mark von 1 Vanilleschote
1 Spritzer Zitronensaft

1 Den Backofen auf 180 °C (Umluft) vorheizen. Mehl, Rohrohrzucker, Kakaopulver, Speisestärke, Backpulver und Steinsalz in einer Rührschüssel mischen. Den Sojadrink und die Margarine dazugeben und alles mit dem Handrührgerät zu einem glatten Teig verrühren.

2 Den Teig mit einem Spatel gleichmäßig auf einem mit Backpapier ausgelegten Backblech verstreichen und im Ofen auf der mittleren Schiene 10–15 Minuten backen.

3 Inzwischen die Sahne mit dem Handrührgerät steif schlagen. Den Frischkäse mit Agavendicksaft, Vanillemark und Zitronensaft glatt verrühren. Die Sahne vorsichtig unterheben. Die Creme anschließend kalt stellen.

4 Den fertig gebackenen Boden (Stäbchenprobe, s. S. 170) aus dem Ofen nehmen, kurz abkühlen lassen. Den Boden mit einem langen, scharfen Messer vorsichtig in der Mitte durchschneiden. Eine Hälfte mit der Frischkäsecreme bestreichen, die zweite Hälfte obenauf legen und leicht andrücken. Kalt stellen. Vor dem Genuss in die typische Milchschnittenform schneiden.

Das Gute daran

Kinder lieben Süßigkeiten. Wenn sie wie hier selbst gemacht sind, können Sie selbst bestimmen, welchen und wie viel Zucker Sie verwenden wollen: Clean Sweeting!

SCHWARZE-BOHNEN-BROWNIES
mit Vanille und Orange

Ergibt 12 Stück
Zubereitungszeit: 15 Minuten,
plus Abkühlzeit
Garzeit: 35 Minuten

400 g schwarze Bohnen
 (aus der Dose)
125 ml Agavendicksaft
60 g Kokosöl, plus mehr
 für die Form
Mark von ½ Vanilleschote
abgeriebene Schale von
 1 Bio-Orange
¼ TL Salz
½ TL Backpulver
75 g Zucker
45 g Kakaopulver
85 g vegane Bitterschokoladen-
 tropfen

1 Den Backofen auf 180 °C vorheizen. Eine Metallbackform (28 x 18 cm) dünn einfetten. Die Bohnen in einem Sieb abtropfen lassen, die Flüssigkeit (Aquafaba) auffangen. Die Bohnen mit Agavendicksaft, Öl, Vanillemark und Orangenschale im Mixer glatt pürieren.

2 In einer großen Schüssel Salz, Backpulver, Zucker und Kakaopulver mischen. Die Bohnenmischung und 9 EL Aquafaba hinzufügen. Rühren, bis die Masse glatt ist.

3 Behutsam, aber zügig die Schokoladentropfen unterheben. Die Masse in die Form gießen. Im heißen Ofen 30–35 Minuten backen, bis der Kuchen sich vom Rand der Form löst. Zur Garprobe einen Holzspieß in die Mitte stecken. Er muss nach dem Herausziehen sauber sein. Den Kuchen aus dem Ofen nehmen und 15–20 Minuten abkühlen lassen. Zu zwölf Brownies schneiden und servieren.

Das Gute daran

Köstlich und auch noch gesund – der niedrige glykämische Index der Bohnen sorgt dafür, dass der Blutzuckerspiegel stabil bleibt und nicht rasant hochschnellt und wieder abstürzt, wie das nach dem Verzehr von normalen Brownies der Fall ist.

MOUSSE AU CHOCOLAT
mit Kakao und Avocado

Für 4 Personen
Zubereitungszeit: 5 Minuten,
plus Kühlzeit

5 reife Avocados (etwa 400 g)
30 g Kakaopulver
4 EL Ahornsirup
1 TL Vanilleextrakt
4 EL Mandeldrink oder Kokosmilch
   (ungesüßt)
Kakaonibs zum Servieren

1 Die Avocados halbieren, entsteinen und das Fruchtfleisch mit einem Löffel aus der Schale heben. Avocadostücke mit Kakaopulver, Ahornsirup, Vanilleextrakt und Mandeldrink oder Kokosmilch in den Mixer geben und sehr glatt pürieren. Bei Bedarf noch etwas mehr Mandeldrink oder Kokosmilch untermixen.

2 Die Mousse in eine Servierschüssel oder in sechs Gläser (à 150 ml Inhalt) gießen. Mindestens 1 Stunde kalt stellen, bis sie gut durchgekühlt ist. Die Mousse mit Kakaobohnensplittern bestreuen und servieren.

VARIANTE

Rühren Sie doch einmal die abgeriebene Schale von 1 Bio-Orange oder 1 TL starken Filterkaffee unter die Mousse. Statt mit Kakaonibs kann man die Mousse auch mit frischen Mangowürfeln, gehackten Pistazienkernen oder Granatapfelkernen bestreuen.

Das Gute daran

Diese Töpfchen sind genauso üppig wie eine klassische Mousse au Chocolat, sind aber frei von Sahne, Butter und raffiniertem Zucker. Rohkakao enthält bis zu viermal mehr Antioxidanzien als herkömmliches Kakaopulver.

SUMMER PUDDING
mit frischen Beeren

Für 6 Personen
Zubereitungszeit: 20 Minuten,
plus Kühlzeit

1 kg Beeren-Kirsch-Mischung
(Himbeeren, Erdbeeren,
Brombeeren, Heidelbeeren,
entsteinte Kirschen)
50 g Fruchtzucker
8–10 dicke Scheiben Weißbrot
vom Vortag
15 g Rote Johannisbeeren
15 g Minze

1 Das Obst mit Fruchtzucker und 3 EL Wasser in einen Topf geben. Langsam erhitzen und 3–4 Minuten garen, bis die Früchte Saft abgeben. Zum Abkühlen beiseitestellen.

2 Das Brot entrinden. Aus einer Brotscheibe einen Kreis ausschneiden, der auf den Boden einer Puddingschüssel (1,5 l Inhalt) passt. Mit dem restlichen Brot (bis auf zwei Scheiben) die Wand der Schüssel lückenlos auskleiden, die Scheiben dabei etwas überlappen lassen.

3 Die Beeren-Kirsch-Mischung in die Form löffeln, außerdem so viel Saft, dass das Brot davon getränkt wird. Den restlichen Saft aufbewahren. Die restlichen Brotscheiben passend zurechtschneiden und das Obst damit bedecken.

4 Den Pudding mit einer Untertasse oder einem kleinen Teller bedecken und darauf ein schweres Gewicht setzen. Für mehrere Stunden, besser über Nacht in den Kühlschrank stellen.

5 Vor dem Servieren Gewicht und Teller entfernen und den Pudding auf eine große Servierplatte stürzen. Schüssel und Platte zusammen halten und kräftig rütteln, dann die Schüssel abheben. Den aufbewahrten Saft auf den Pudding löffeln. Den Pudding mit Roten Johannisbeeren und Minze garnieren.

Das Gute daran

Erdbeeren sind hier eine sehr gute Wahl, weil sie noch mehr Vitamin C enthalten als Orangen und Brombeeren. Außerdem sind sie eine prima Vitamin-K-Quelle.

BANANEN-PANCAKES
mit Heidelbeersauce

Für 4 Personen
Zubereitungszeit: 20 Minuten

Für die Pancakes
2 reife Bananen
140 g Vollkorn-Haferflocken
1 TL Natron
275 ml Mandeldrink (gesüßt)
½ TL gemahlener Zimt
1 Prise Salz
Mark von ½ Vanilleschote
Öl zum Braten

Für die Sauce
1 EL Speisestärke
200 g Heidelbeeren (frisch oder TK)
Saft von 1 Orange
75 g Puderzucker
1 TL gemahlene Vanille

Für die Garnitur
1 Handvoll Heidelbeeren
einige Stängel Zitronenminze
Bananenscheiben

1 Den Backofen auf 100 °C vorheizen. Die Bananen schälen und mit einer Gabel zu Brei zerdrücken. Die Haferflocken in einem Blitzhacker oder mit dem Stabmixer zu Mehl mahlen. Bananen und Hafermehl mit Natron, Mandeldrink, Zimt, Salz und Vanillemark pürieren, bis ein geschmeidiger Teig entsteht.

2 Das Öl in einer kleinen beschichteten Pfanne erhitzen und den Teig darin portionsweise bei mittlerer Hitze zu etwa 10 cm großen Pfannkuchen goldbraun ausbacken (Achtung: Haferflocken werden schnell dunkel und bitter). Fertige Pfannkuchen im Ofen warm halten.

3 Für die Sauce die Speisestärke mit 3 EL Wasser glatt rühren. Die Heidelbeeren mit 160 ml Wasser, Orangensaft, Puderzucker und Vanille in einen kleinen Topf geben und zum Kochen bringen. Sobald die Masse kocht, die Temperatur reduzieren und weitere 5–6 Minuten köcheln lassen. Den Topf vom Herd nehmen und die Stärke unter die Heidelbeeren rühren. Noch einmal kurz aufkochen lassen. Die Sauce sollte leicht dicklich sein, dann ist sie perfekt.

4 Für die Garnitur die Heidelbeeren verlesen, waschen und trocken tupfen. Die Minze waschen, trocken schütteln und die Blätter abzupfen. Abwechselnd Pfannkuchen und Heidelbeersauce aufeinanderschichten. Die oberste Schicht mit Bananenscheiben, Heidelbeeren und Minze garnieren.

FANTAMUFFINS
mit Schokolinsen

Ergibt 12 Muffins
Zubereitungszeit: 20 Minuten
Garzeit: 25 Minuten

Für die Muffins
250 g Weizenmehl (Type 550)
1 Päckchen Backpulver
1 TL Sojamehl
120 g Rohrohrzucker
125 g weiche Margarine
300 ml Fanta

Für die Garnitur
200 g Puderzucker
3–4 EL Zitronensaft (nach Belieben)
bunte Schokolinsen

Außerdem
1 Muffinblech (12 Vertiefungen
à 7 cm Ø)
12 Papierbackförmchen für Muffins
(à 7 cm Ø)

1 Den Backofen auf 180 °C (Umluft) vorheizen. Die Vertiefungen des Muffinblechs mit Papierbackförmchen auslegen.

2 In einer Rührschüssel Mehl, Backpulver, Sojamehl und Rohrohrzucker mischen. Margarine und Fanta dazugeben und mit dem Handrührgerät zu einem glatten Teig verrühren. Den Teig in die Papierbackförmchen verteilen. Im Ofen auf der mittleren Schiene 20–25 Minuten goldgelb backen.

3 Die Muffins aus dem Ofen nehmen, ein wenig abkühlen lassen. Aus Puderzucker und 3–4 EL Wasser oder nach Belieben Zitronensaft eine Glasur anrühren, die Muffins damit bestreichen und mit den bunten Schokolinsen verzieren.

NUSS-NOUGAT-BANANEN-EIS

Für 4 Personen
Zubereitungszeit: 10 Minuten,
plus Tiefkühlzeit

Für das Eis
6–7 reife Bananen
150 g pflanzliche Sahne
  (aufschlagbar)
50 g Macadamianüsse
3 EL Schnelle Schokocreme
  (s. S. 29)
5 getrocknete Datteln

Für die Garnitur
pflanzliche Sahne, steif geschlagen
Bananenscheiben
Macadamianüsse, gehackt
Schokocreme (s. S. 29)
einige Stängel Zitronenminze

1 Die Bananen schälen, in grobe Stücke schneiden und einfrieren. Die Sahne mit dem Handrührgerät steif schlagen und kalt stellen. Die gefrorenen Bananenstücke, Nüsse, Sahne, Schokocreme und die Datteln in einen Mixer geben und mixen, bis ein cremiges Eis entsteht.

2 Das Eis in ein hohes Gefäß füllen und mit der geschlagenen Sahne, den Bananenscheiben, gehackten Macadamianüssen und etwas Schokocreme garnieren und servieren.

PROFI-TIPP

Alternativ können Sie statt Datteln Ahornsirup, Agavendicksaft oder Reissirup verwenden. Die Bananen lassen sich durch sämtliche gefrorene Früchte ersetzen. Unsere Kinder lieben das Eis zum Beispiel mit gefrorenen Kirschen oder Waldbeeren.

»Nicecream« lässt sich auch mit dem Stabmixer in einem hohen Gefäß zubereiten. Dazu die Früchte etwas antauen lassen und los geht es.

GRANATAPFEL-HIMBEER-GRANITA
mit Melone und Minze

Für 8 Personen
Zubereitungszeit: 20 Minuten,
   plus Tiefkühlzeit

1 kg kernlose Wassermelone
175 g Himbeeren,
   plus mehr zum Garnieren
150 g Granatapfelkerne,
   plus mehr zum Garnieren
1 große Handvoll Minzeblätter,
   plus mehr zum Garnieren
1–2 EL Ahornsirup

1 Die Hälfte des Melonenfruchtfleisches mit jeweils der Hälfte von Himbeeren, Granatapfelkernen und Minzeblättern in den Mixer geben. Glatt pürieren, dann in eine große Schüssel füllen. Übrige Melone, Himbeeren, Granatapfelkerne und Minze ebenfalls glatt mixen. Dieses Püree mit der ersten Portion verrühren.

2 Das Püree durch ein feinmaschiges Metallsieb in eine große Schüssel passieren, dabei mit einem Löffelrücken kräftig ausdrücken. Die Rückstände aus dem Sieb wegwerfen.

3 Den Ahornsirup unter die Flüssigkeit rühren – die Menge hängt davon ab, wie süß die Melone ist.

4 Die Flüssigkeit in eine große, fest verschließbare Gefrierdose füllen und einfrieren. Alle 2 Stunden aus dem Tiefkühler nehmen und mit einer Gabel Gefrorenes vom Rand in die Granita schaben; die entstehenden Eiskristalle dabei zerdrücken. Dreimal wiederholen, bis die Granita vollständig gefroren ist.

5 Die Granita 30 Minuten vor dem Servieren in den Kühlschrank stellen. Zum Servieren in Dessertschalen oder -gläser schaben und mit Himbeeren, Granatapfelkernen und Minzeblättern garnieren.

Das Gute daran

Diese erfrischende Granita (für die keine Eismaschine benötigt wird) ist echtes Superfood und eine milchfreie Alternative zu Eiscreme. Granatapfelkerne liefern Antioxidanzien, Himbeeren sind reich an Vitamin C. Minze stärkt das Immunsystem.

CORNFLAKE-POPS
mit Schoko-Kuvertüre

Ergibt 12 Cake-Pops
Zubereitungszeit: 30 Minuten,
plus Abkühlzeit
Garzeit: 12 Minuten

Für die Pops
125 g weiche Margarine
70 g Rohrohrzucker
1 TL Sojamehl
150 g Mehl
1 TL Backpulver
200 g Cornflakes

Für die Garnitur
100 g Reismilchschokolade
100 g Zartbitterkuvertüre
2 TL bunte Zuckerstreusel
2 TL Mandelstifte
Bambusstrohhalme

1 Die weiche Margarine und den Zucker in eine große Schüssel geben und mit einem Handrührgerät cremig rühren, Sojamehl und 2 TL Wasser dazugeben und alles gut vermischen. Das Mehl mit dem Backpulver mischen und dazugeben. Die Cornflakes zerkleinern und unter den Teig rühren. Den Backofen auf 180 °C (Umluft) vorheizen.

2 Die Hände etwas anfeuchten und die Masse zu Kugeln von etwa 5 cm Durchmesser rollen. Die Kugeln auf einem mit Backpapier ausgelegten Backblech verteilen und im Ofen auf der mittleren Schiene 10–12 Minuten backen.

3 Inzwischen die Reismilchschokolade und die dunkle Kuvertüre grob raspeln und in einer Metallschüssel über einem heißen Wasserbad schmelzen lassen.

4 Die Pops aus dem Backofen nehmen, die Strohhalme hineinstecken. Auf einem Gitter abkühlen lassen. In die flüssige Kuvertüre tauchen und mit den Streuseln und den Mandelstiften dekorieren.

REGISTER

E/F

G

H

I/J/K

DANK

Ich würde gerne meiner Frau Melanie (für ihre unendliche Geduld mit mir), unseren Kids Lisa Marie, Anna Sophie, Fenja Zoe, Paula Charlotte, Lotta Fee und Greta Joe, meinen Eltern Rainer und Monika, meinen Schwiegereltern Marina und Frank und Natalie Mahlke, Franz und Traute, Kerstin und Michael, Harry Loß danken. Außerdem: Andreas und Anneke mit Mirco und Justin, Nils, Tanja und Sarah, Sindbad, Karin mit dem Bummel Paul, Detlef und Jonas, Stefan mit Familie, Kevin G., Marius und Frauke, Familie Keller, Dr. Norbert Knitsch, den Mädels und Jungs vom Budo Nüttermoor, meinem Sensei Hardwig Tomic, Sara mit Talea, Markus von Little Harbour Tattoo, Marcel und Keno von Artistic CollectiveTattoo, Uwe und Manuela Schneider und Kinder, Chris & Marta von MyEy, Sebastian Bete von der OZ, Tatjana, Boris mit Liam Seifert, Brigitte „die Sonne" Kelly, meinem Manager Andreas Kessemeier und den Mitarbeiter_innen von Pool Position, Mike Beuger von der Kanzlei WBS Köln, Matthias und Andrea, Jan Griesel, Joey Völker und Familie, Markus „Bomba" und Familie, Uwe, Martin, Monika und den Jungs vom Road-house, Herbrum und allen Menschen und Rock 'n' Rollern, die mich in meiner Arbeit unterstützen – ohne euch (ich liebe euch alle! ;-)) wäre dieses Buch wohl nie entstanden!

Ein großes Dankeschön geht auch an:

Morgenland – www.morgenland.bio
Schlagfix – www.schlagfix.com
Keimling Naturkost – www.keimling.de
Baola – www.baobab.org
myey.info – www.myey.info
purvegan – www.purvegan.de
Tofukind – www.tofukind.com
Matthias Bo & Matthias B. – www.veggiespecials.com

NOCH MEHR VEGANE REZEPTE

978-3-8310-2937-2
19,95 € [D] / 20,60 € [A]

978-3-8310-3150-4
19,95 € [D] / 20,60 € [A]

978-3-8310-2780-4
19,95 € [D] / 20,60 € [A]

978-3-8310-3885-5
24,95 € [D] / 25,70 € [A]

www.dk-verlag.de

© Dorling Kindersley Verlag GmbH, München, 2019
Ein Unternehmen der Penguin Random House Group
Alle Rechte vorbehalten

Fotografie Dorling Kindersley; Ulrike Kirmse (S. 5–7, 30/31, 38/39, 68, 85–90,
98–105, 110–112, 121–125)
Foodstyling Fotos Ulrike Kirmse Urs Hug
Lektorat Margarethe Brunner
Innengestaltung, Typografie, Realisation Steve Marsden, Alison Gardner,
Vanessa Hamilton

Für den DK Verlag:
Programmleitung Monika Schlitzer
Redaktionsleitung und Projektbetreuung Anne Heinel
Herstellungsleitung Dorothee Whittaker
Herstellungskoordination Ksenia Lebedeva
Herstellung und Satz Sabine Hüttenkofer
Covergestaltung Sabine Hüttenkofer

ISBN 978-3-8310-3754-4

Repro Farbsatz, Neuried/München
Druck und Bindung TBB, a.s., Slowakei

www.dk-verlag.de

Hinweis
Die Informationen und Ratschläge in diesem Buch sind vom Autor und vom
Verlag sorgfältig erwogen und geprüft, dennoch kann eine Garantie nicht
übernommen werden. Eine Haftung des Autors bzw. des Verlags und seiner
Beauftragten für Personen-, Sach- und Vermögensschäden ist ausgeschlossen.

Soweit nicht anders angegeben, beziehen sich die Temperaturangaben
für den Ofen auf Ober- und Unterhitze. Bei Umluft verringert sich die
Temperatur um etwa 20 °C. Beachten Sie hierzu gegebenenfalls auch
die Angaben des Herstellers.